# マイ・ウェイ

My Way

## 私が歩んだ道

Takemoto Naokazu
竹本直一

PHP研究所

# マイ・ウェイ

私が歩んだ道

目次

## 序章　この道を歩んできた思い

## 第1章　少年時代

## 第2章 青年時代



## 第3章 留学時代

# 第4章 役人時代

## 第5章 出馬への壁



## 第6章 政治家として

序章

# この道を歩んできた思い

政治家の務めは「社会の医者」であると、ずっと考えてきました。

社会、そして一般の国民の方々が苦しんでいるときに、その「病」の治療を施し、癒やすのが務めだと。子どもの頃から政治の道を志し、国会に25年の時間を捧げた何よりの動機はそのような思いでした。

詳しくは後述しますが、50年ほど前、政府派遣留学で米国に初めて渡ったときに強いショックを受けました。

――なぜ、こんな強大な国に戦いを挑み、310万人もの犠牲を払うことになってしまったのか。高く分厚いコンクリートの壁に、小さな石ころを投げつけるような戦いだったのではないか。そして、二度とこのような悲劇を繰り返さないために、私にできることは何か。どういう政治をすべきか――。

それには、政治が舵取りを間違わないことが不可欠なのだと考えるに至りました。つまり、広く世界を理解した上で、二度と過ちを繰り返さない国へと導くことこそが、政治家の役目であると思いを定めたのです。

初当選を果たしたのは、1996（平成8）年。第41回衆議院議員総選挙に自由民主党公認で大阪15区から出馬し、8万1602票をいただいて、当選することができました。

実をいうと、本当は安倍晋三氏、岸田文雄氏と同期となるはずの1993年の第40回衆議院議員総選挙において初出馬をするつもりで役所を辞め準備をしていましたが、中選挙区制のもと、現職だったある自民党議員の方からの強い不出馬要請もあって、4年近く待たされたあげくの政治家デビューとなりました。

この初当選から25年の間、無傷の8期連続当選を得て、入閣も果たしましたから、よしとするべきでしょうか。

2019（令和元）年、第4次安倍第2次改造内閣において、IT政策担当大臣と科学技術政策担当、宇宙政策担当、クールジャパン戦略担当、知的財産戦略担当の特命担当大臣を仰せつかりました。

メディアには「憲政史上最高齢の入閣」と報じられ、嬉しいやら恥ずかしいやら、いろいろな思いもありましたが、自民党が野に下った時代も、ともに乗り越えた安倍総裁（当時）や仲間の議員たち、何より国民の皆様に託された務めでもありましたから、懸命に勉強し、国内外を飛び回りました。

そして2021（令和3）年、娘婿で国土交通省の後輩でもある加納陽之助を後継指名し、政界引退を発表しました。

本来なら悠々自適の隠居生活を楽しみたいところですが、実のところそうはいきません。平日は基本的に永田町におり、朝8時からの自民党の勉強会にもしばしば顔を出します。昼間は省庁の職員たちが政策や法案の相談に来たり、こちらが請うて政策のレクチャーを受けることもあります。

2022（令和4）年末には政治塾「東西政経懇話会」を立ち上げ、また日本の女性議員を増やす試みとして女性政治塾「かがやき」を主宰することになりました。また、週末には地元、大阪・富田林《とんだばやし》駅前の事務所に詰めています。

25年を務めた選挙区ですから、様々な相談に来られる方が今もなお大勢いらっしゃるのです。

後継者となる義理の息子に伝えるべきことも、たくさんあります。彼には、人の心をぐっと摑むことのできる政治家らしさをぜひ身につけてほしい。どういうわけか、私はこの地元で子どもの頃から人気者で、いつのまにか大勢の人が自分の周りに集まってくるようなところがありました。そこにいるみんなが、その場でいったい何を求

ワールドエコノミックフォーラムで

めているのか。私は子どもの頃から自然にそういったことを考えて、瞬時に表そうとする性分を持ち合わせていました。

　みんなのために何ができるか、みんなは今何をしたら喜ぶのだろうか、そんなことを行く先々で考えてばかりいました。今思えば、ちょっと変わった子どもだったかもしれません。

　政治家になってからは一貫して、目の前の人が何を求めているか、そのとき自分はどんな言葉で話しかけるべきか、そのことに集中した演説を心がけました。その場の空気を瞬時に捉え、集まってくださった方々が無意識のうちに秘めている不安や要望に応える言葉、それこそが政治家の話すべき言葉です。後継者となる息子にもそれを伝え、教えていきたいと思っています。

思うに、政治家には3つのタイプがあります。

1つ目は、言ったきりでそれ以上答えない。だからミスが出ない。例えば小泉純一郎氏。

2つ目は、常に正論と建前で切り抜ける御仁。これは野中広務氏のようなタイプ。

3つ目は、ウケも狙うが、説明が丁寧なサービス精神旺盛なタイプ。サービス精神がありすぎて、〝オフレコ〟の話が世間をにぎわせてしまうタイプです。これは森喜朗氏でしょうか。私がどのタイプかというと、実は3つ目のタイプです。

幼少期からの生い立ちと、学生生活、国の役人として過ごした28年間、そして国政に捧げた25年を振り返りながら、今一度「この道《マイ・ウェイ》」を歩んできた意味を考え、未来を担う方たちにこの国を託したいと思い、本書を上梓しました。

いささか内容が行き過ぎて、近辺の方々を冷や冷やさせる箇所もあるかもしれません。そこはサービス精神旺盛にして、説明が丁寧な性分がそうさせているのだと、お許しをいただけましたら幸いです。

# 第1章

# 少年時代

## 大事にされた長男

太平洋戦争に突入するおよそ1年前の1940（昭和15）年11月23日、竹本家の長男として大阪府南河内《かわち》郡中村大字中《おおあざなか》、現在の河南《かなん》町に生まれました。

河南町は大阪府の南東部に位置し、大阪市の中心部から25キロほどのところにある町です。北は太子町、西は富田林市、南は千早赤阪《ちはやあかさか》村と境を接し、東は葛城《かつらぎ》山脈の稜線が奈良県の葛城市、御所《ごぜ》市に接しています。

古代から拓かれたこの地には、西行法師終焉の地とされる弘川寺をはじめ、様々な古墳、遺跡などの文化財があり、近隣の和歌山〜大阪〜奈良の境にそびえたつ葛城の峰は、修験道の開祖と言われる役《えんの》行者《ぎょうじゃ》が初めて修行を積んだ地として、世界遺産の吉野大峯と並ぶ「修験の二大聖地」とも称されます。

緑豊かで、果樹栽培が盛んな地域で、私が幼い頃は果樹農家に園芸関係の農家、いわゆる植木屋さんも多い地域でした。田舎でしたから、当時は幼稚園もまだなく、後年大学に入ってクラスの集まりで「実は幼稚園には行ってないんだ」と同級生たちに明かしたら驚かれたものです。

そんな田舎でも、太平洋戦争の戦火はそう遠くないところまで迫り、１９４５年に再三行われた大阪・堺の大空襲のときに親たちと見た、空が真っ赤に照らされた光景を今でも鮮明に覚えています。空襲に見舞われたのは深夜だったのですが、ちょうど昼の3時くらいの明るさに感じました。まだ5歳たらずの幼子でした。これ以上ない華やかな花火、それくらいの印象で眺めていました。

生家の周辺も米軍の機銃掃射などには遭っていたのですが、空襲のような大規模な被害に遭うことはなかったので、私には恐怖の記憶がありません。防空壕に入ると、隣組のおばさんからもらった乾パンが美味しかったとか、その程度の記憶ばかり。戦争に対してある思いを強くするのは、ずいぶん後のことでした。

社会全体がまだ貧しい中、私は長男ゆえに大事にされ、比較的恵まれた環境で育ちました。竹本家では、姉と妹に挟まれた唯一の男の子だったので、とにかく大事にされました。

祖父は、幅広く事業をしている人でした。時代もあったでしょうが、街なかで出くわした縁もゆかりもない人の面倒を良くみていました。私が１９９６（平成８）年に地元で初出馬した折には、「お祖父さんには大変良くしてもらった！」という人が現れて、心底驚いたこともありました。

父は、頭の回転の速い、ちょっと神経質なところもある人でした。新しいもの、洒落たものを好む人だったから、当時の大阪南部の田舎暮らしはちょっと合わないところもあったかもしれません。

母は、そういう男たちに挟まれても、我慢強く、優しい人でした。私は一度も叱られた記憶がありません。気苦労もあったでしょうが体は丈夫で、歳をとってからも頭はずっと明晰で、104歳まで生きました。

祖父と父との思い出のひとつが、まだ幼い時分から大阪のミナミの地域に当時あった料亭などにたびたび連れて行ってもらったことです。終戦まもない時代に、繁華街、花街に出かけていって、人のざわめき、食べ物の匂い、どこからともなく流れてくる歌謡曲といった只中で、どんどんませた子どもになってしまいました。1948年にヒットした近江俊郎さんの『湯の町エレジー』を意味もわからず諳《そら》んじる、そんな子どもです。そんな幼子に父親が面白がって大人が読むような本も買い与えてくれるものだから、ろくに漢字も読めない頃からいろいろ読むようになりました。今でも様々なジャンルの読書や映画鑑賞に親しんでいるのは、この子ども時代の賜物だと思っています。

## ガキ大将で級長

小学校に入る以前から、近所ではガキ大将の「ナオちゃん」でした。川に行っては友だちをいっぱい集めてフナやコイやザリガニを一網打尽にしたり、山に行ってはみんなでよその家のみかん山に入ったりと、まあおおらかな時代でした。

小学校に入学し、初めての担任の先生は、やはり人員不足の折だったからでしょう、21歳くらいの代用教員で大橋先生と言いました。若いけれど、先生はちょっとユーモアもあって、私の通信簿に「小さいけれど山椒はピリリと辛い」なんて書き込んでくれました。他の子より背が低くて、幼稚園も行っていない私でしたが、発言も行動も活発な子だと認めてくれたようでした。

大阪市内で罹災して移り住んできた家族の子どもたちもたくさんいましたから、ひとつの教室に60人くらいがひしめいていました。そういった環境で、私は小学1年からずっと、級長やクラス委員を務めることになりました。

ほとんど一文無しで疎開で田舎に逃れてきた家庭には、栄養失調の子どもが多くいました。

そういった子どもは授業中にときどきお漏らしをしてしまいます。そうすると「級長の竹本くん、いらっしゃい」と声がかかって、先生と一緒に床や椅子の掃除をします。地元の私たちは田畑があって終戦直後も十分に食べられているのに、疎開の子たちはかわいそうだなと思いながら、せっせと掃除したものです。

そういえば、私は放課後もよく教室に残されました。ガキ大将だからお説教を受けるとかではなく、級長として奉仕作業に従事するのです。校舎の窓は窓枠だけが嵌《はま》っていて、物資不足のせいかガラスが取り付けられていない箇所ばかり。だから、わら半紙を貼らされるわけです。

木枠に糊を塗って、丁寧にやったものですが、夜中に風と雨が来ると、翌朝にはまた破れていたりします。冬などは冷たい風が教室を吹き抜けて、ピューピューと寒々しい音がしたのを覚えています。

私の地元のような田舎では、どの家庭も子どもの運動靴もなかなか買えない時代で

クラス写真。前列右から４人目が著者

した。だから、みんなゴム草履とかを履いていましたので、教室では吹き抜ける寒風も余計に冷たく感じられました。都会から転校してきた生徒や、交番の巡査の息子とかだけは運動靴を履いていて、ゴム草履組のみんなは羨ましく眺めたものです。

## 「勉強なんかするな」

１９５０（昭和25）年６月25日、小学４年生の１学期に朝鮮戦争が勃発します。この２年前に成立した朝鮮民族の分断国家である大韓民国（韓国）と朝鮮民主主義人民共和国（北朝鮮）の間で生じた国際紛争です。

10歳でもう物心ついていた頃でしたから、昭和25年6月25日の新聞にソ連機に撃墜された米国機の写真が掲載されているのを見て、「また、戦争が始まるのか」と恐怖を覚えました。

実はその頃までに、続々と帰還した傷痍《しょうい》軍人の人たちが近隣にいっぱいおられ、片手や片足のない、包帯だらけの人達が駅前や神社で物乞いをしているのを見て育ちました。

「国のために戦って、なぜ物乞いをしなくてはならないのか」と、子ども心にも痛切に感じました。その傷痍軍人の姿は、もう二度と日本はこんなひどいことを繰り返してはいけない、と強く念じるきっかけとなりました。

「ナオちゃん」あるいは、直一《なおかず》を縮めた「ナカちゃん」として、あちらこちらで声がかかるガキ大将で子どもながら地域の人気者だった私ですが、クラス委員などを務めているわりに、人前で話すことがあまり得意ではない自分にも気づいていました。人前で話す技量もちょっと鍛えなくてはいけないなと、なぜだか考え始めていました。

もちろんその頃はまだ、政治家になろうと具体的に考えていたわけではありません。

でも、なぜだか演説やスピーチを磨くべきだと考えるようになっていました。

鍛えるといえば、本当は早くから武道やスポーツにいそしみたかったのですが、やっと生まれた男の子だったので、とても大切に育てられ、家の方針で全くやらせてもらえませんでした。「勉強なんかしなくていいから夜は9時には寝ろ」と言われていたくらいです。気持ちは強いのに体力をもてあましたせいか、逆に体の不調をしばしば起こして、腸捻転で七転八倒したり、風邪をこじらせて気管支の病気になったりしていました。

中学になったら、さすがに我慢できなくなり、富田林駅前に柔道場があったので、こっそり小遣いを貯めてそこで柔道を習い始めました。もちろん両親には内緒です。もう中学生ですから、強くもなりたかったし、身体も鍛えたかったのです。

喧嘩は自分から仕掛けることはありませんでしたが、たしか中学3年生の頃、同じクラスで何かにつけて張り合ってくるヤツがいて、冬場の水を抜いたため池で20人くらいの同級生たちが見守る中、殴り合いの決闘を一度だけしました。最後は、劣勢にあった相手がどこからか棍棒を持ってきたので、慌てたみんなが止めて終わり、引き分けでした。

ともあれ中学校生活は本当に楽しかった。中学3年の最後の夏休みに、近隣の友だちと遊びたいという理由で、高校受験のための特別補習はやめてくれと先生たちに反抗したら、全員が張り倒されたこともあったほどで、とにかく自由な毎日で充実していました。

そろそろ思春期なので女の子にも関心はありましたが、時代といいますか、そういう心は抑えていました。「まだまだ一人前ではない」などと考えていたわけです。今の若い人たちには、そんなことを言っても理解されず、笑われるでしょうけど。

自由を謳歌しながらも、勉強は学校で一番でした。でも、大事な長男の体に障るとよくないからと、中学になってもまだ親たちが「勉強なんかするな」と言う珍しい家庭でした。夜9時には「布団に入れ」と言われるから、予習はおろか復習もままなりません。

そのようなことで、授業でうんと集中する癖がつきました。

この頃はもう、親の考えはともかくとして、大学に行ってやろうという気持ちでいました。高校も大阪きっての名門、大阪市内にある戦前の旧制府立一中、今の大阪府立北野高校に行きたいと考えていました。同校は私が住んでいた地域とは学区が違うので、当時日本にまだあった寄留制度（90日以上本籍外において一定の場所に住所または居所を有することを認めた寄留法によるもの）を利用して進学を考えていました。しかし、調べてみると公立高校の決まりで寄留先は親族でないと駄目だといわれ、地元では一番の存在で、旧制府立八中に当たる大阪府立富田林高校に進みました。

そもそも中学から高校に進むのは当時は１割程度です。私が卒業した中学から富田林高校に行ったのは、男２人、女４人の６人だけでした。高校に進学したこの1956（昭和31）年は、「経済白書」が〝もはや戦後ではない〟と宣言し、流行語となった年であり、日本の国際連合加盟が全会一致で承認された時代でもありました。

学生時代の著者

## 相撲部から弁論部へ

1956年、日本の高度経済成長

期がスタートしたと後年いわれるこの年に、高校生活がスタートしました。もう、おとなしくしているつもりはなく、武道かスポーツをしてやろうと考えていました。自我がはっきりと芽生えてきた時期でしたし、親たちにももう何も言わせません。

実際のところ私は、非常に力が強かったのです。背筋力テストでは、高校2年生のときに280kgを計測したことがありました。どうにも身を動かしたくなったので、入学後まもなく誘われるままに相撲部に入りました。

いざ練習に行ってみたら、顧問の先生から竹箒《たけぼうき》で身体は叩《はた》かれるし、砂はかけられる、いわゆる「かわいがり」の洗礼をたっぷり受けました。体重130キロの上級生を相手に相撲をとったら、3日間お辞儀もできないくらい腰や背中を痛めてしまう始末です。

体が治ったら、先輩を投げ飛ばしてやろうくらいに考えていたのですが、練習中に上級生の間で死亡につながる事故があり、あっという間に相撲部ごと解散になってしまいました。仕方がないので、身体を動かすのは中学から通っていた柔道の道場でたまに対外試合に出るくらい、ということに落ち着きました。

代わりに精を出したのが、弁論部での活動です。子どもの頃から、級長などをやっていましたから人前で話す機会は多かったのですが、先述したように「オレは人前で話すの下手くそだなあ」と心密かに思っていました。普段遊んでいるときは、人気者の「ナオちゃん」なのですが、いざかしこまったスピーチとなると、目の前にいるみんなの心をうまく摑めず、ひとりで悩んですらいました。そこで担任の先生をつかまえて弁論部をつくってもらい、自ら弁論部長をやることにしました。

今考えると、先生やみんなの力を借りながら、自分が克服したい苦手なことに立ち向かおうとしたわけです。人前に立って自分が考えていることをびしっと伝えられるか、聴いているみんなの心を摑むことができるか、ということです。当時の私は、人前でちゃんと話すことができる力は、どの職業に就くにしても必要なものだと、強く思うようになっていました。

弁論部の活動においては、他校にも輪を広げ、関西以西の20校ほどの弁論部が競う「西日本高校弁論大会」なるものも主催しました。たしか優勝は中国地方の他校にさらわれてしまったのですが、大いに弁舌を鍛える機会となりました。このことは生徒会副会長をやったときも役立ったと思います。そして副産物的に組織や勉強会など会合の運営の仕方についても、自分を鍛えることができたように思います。皆さんの顔を見て、何を求めているのか、どんな話が聞きたいのかを瞬時に察知しながら、臨機応変に話題を選び、演説を始める。政治家になってからの私の特技でしたが、それはこの高校時代の弁論部の経験がもたらしてくれたものだったのです。

## 人間万事塞翁が馬

演説と勉強法には、相通ずるものがあります。

人間の脳に知識や情報を、強く太く効率よく届ける上で、最も大切にすべきことは最初の出合いだと思います。最初の出合いが、最も鮮烈な印象を脳に残すのです。

私の勉強法の場合でいうと、親の方針があって自宅で予習・復習がなかなか思うようにできない環境にありました。ですから、自ずと知識との最初の出合いである授業を大事にしていました。先生たちの授業を、いつもぐっと力を入れて集中して受けていたのです。

はからずも、この方法は私にとって最上の受験メソッドだったと思います。高校時代になると、「予習すると授業が二番煎じになってしまう」くらいに思っていました。

「勉強するな」と親に言われてしまう特殊な環境下で、面白い顚末になったものです。

翻って、演説で聴衆をいかに集中させることができるかという問題を考えてみます。演説とはつまり、聴衆と演説者の訴えとが初めて出合う新鮮な機会です。

私は、議員1年生のときからそういう気持ちでいました。だから、演説の原稿はいっさい書きませんでした。行く先、行く先が新しい試合であり、一発勝負という気持ちでです。議員1年生、2年生というものは、たいてい秘書に演説の原稿を書かせますが、私は一度も書かせたことがありませんでした。他の代議士の秘書は「竹本先生のところはいいなあ」と言っていたそうです。

一方で、聴衆の皆さんには、「竹本さんの話はわかりやすい」と議員1年生の頃から言っていただきました。このあたりのコツは、後継者である義理の息子にもしっかりと伝えたいところです。

ともあれ、このように高校時代も活発に楽しく過ごしていましたから、新しい友だちもたくさんできました。地元の中学から同じ高校に進学したのは6人だけだったと前述しましたが、寂しい思いをすることは全くありませんでした。

それどころか、１９９６（平成8）年に初出馬した時には、この富田林高校の同級生たちが大勢駆けつけて選挙を手伝ってくれたのです。竹馬会という組織をつくり自分の選挙のように頑張ってくれました。リーダーは深澤文恵さん、岡田敬子さん、石田剛一くん達でした。もしも、当時の寄留制度の規約に引っかからずに、希望どおり大阪市内の進学校に進んでいたら、選挙区が違いますから、そんな温かい応援を受けることはなかったでしょう。運命や巡り合わせというのは面白いものです。まさに人間万事塞翁《さいおう》が馬です。

## 英語の壁

高校に入ってからも、特に父親は「教育を身につけると東京へ行ってしまう」と考えていたらしく、最後まで大学進学に反対していました。相当な寂しがり屋で、「猿でも親子一緒に暮らしているじゃないか」などと言って、長男の私をなかなか離したがらなかったのです。実は私には兄がいて、残念ながら死産でこの世に生を受けることはなかったと、なんとなく聞いていました。だから、父もいろいろ切に思うところがあるのだろうと理解はしていました。もっとも、大阪の隣、京都の大学に行くことさえ反対されたのには、さすがに閉口しましたが。

私の受験勉強の苦労の思い出は、英語に始まり英語に終わります。

勉強を進めながら、英語への苦手意識を日々強く感じるようになっていました。どの教科も平均的に成績はよく、文系・理系も分け隔てなく得意・不得意は感じなかったものの、どういうわけだか英語の参考書を開くと、頭がうまく働かないのです。

例えば、高校入試の問題で〝It seems to me that……〟という構文が試験に登場して、seemという単語を知らずに全く解けなかった、そんな悔しさもいつまでも心の中にありました。私の英語力はそんな程度だったのです。

しかし、あの手この手でなんとか「英語をものにしてやろう」という気持ちは、ずっと燃え続けていました。この英語習得への熱い思いは、ゆくゆくは海外で勉強したいという願望にも繫がっていきました。

# 第2章

# 青年時代

## 闘争、そして所得倍増計画

京都大学を志したのは、「滝川事件」という戦前に思想信条を理由に大学教員が弾圧された事件に際し、同大学の法学部が相応な抵抗を示したことに感動を覚えたことが理由のひとつでした。

当事者であった滝川幸辰教授が戦後に大学に復帰されていたし、ぜひそういう芯のある学校で学びたいと考えたのです。

もちろん、大阪近辺を離れてはいけないという父親の意向も汲んでいました。努力が実って本当に良かったと今でも思います。大学でひたすらに、世の中の勉強をしたいという気持ちがありました。

晴れて大学生となり、うきうきとした私の気持ちとは裏腹に、世相はちょうど日米安全保障条約（安保条約）の改定案の調印がなされ、いわゆる60年安保闘争の最盛期でした。

国会議事堂前での衝突が報じられる中、京大も運動家によるデモやシュプレヒコール、ロックアウトにより授業どころではないという状況です。東大生で活動家だった樺《かんば》美智子さんが亡くなったことがセンセーショナルに伝えられ、周りのみんなはデモに行って「岸やめろ」の大合唱。せっかく入学したというのに、1年生の頃はろくに授業も受けられない状態が続きました。

しかし、同年6月に安保闘争の混乱の責任をとる形で、岸内閣が総辞職します。そして7月には、自民党宏池会の領袖として一派をなした池田勇人が第58代内閣総理大臣に就任し、「所得倍増計画」を表明します。

途端に世の中が一変し近隣の街や地域がいきいきと発展していく様がはっきり見て取れました。京都市や大阪市はいうまでもなく、富田林市、河南町といった私の地元の田舎町の風景もどんどん変わっていったのです。

「政策ひとつで、こんなにも暮らしや街が変わっていくものなのか」と心底驚かされたものです。高校の弁論部の活動などを経て、なんとなく政治の道を目指そうと考え始めていた私が、いよいよその決意を固くしていくのは、まさにこの頃だったかと思います。

## 政治への思い

学生運動も落ち着き、さあいよいよ大学の勉強に打ち込もうと思ったのですが、実家のある大阪の南部からキャンパスのある京都市左京区まで通うには、片道2時間20分もかかり、だんだん不便を感じ始めます。ついに猛烈に反対する父親を押し切って、真如堂のある吉田山の麓で、下宿生活を始めました。

ときに京都という街は、大学生に、特に京大生に甘いので、ぼんやりしていると社会からスポイルされてしまうところです。祇園《ぎおん》や先斗町《ぽんとちょう》といった花街に行っても、2割引の学割が存在した時代でした。そういう大学生活にどっぷり浸かって、平気で8年も通うような学生もちょこちょこいました。

口さがない言い方になりますが、そういう連中を「馬鹿な奴らだなあ」くらいに思って、緩い空気をシャットアウトできる環境を求め、山の麓で勉強を重ねました。

授業では当時助教授で、ゼミの先輩にも当たる道田信一郎先生の国際法の授業にのめり込みました。国際連合国際商取引法委員会（UNCITRAL）の日本代表として「国際物品売買契約に関する国際連合条約」（ＣＩＳＧ）の起草に尽力し、この条約を採択した１９８０（昭和55）年のウィーン外交会議では会議を仕切った方です。

道田先生の授業で、日本の国の仕組みはドイツを手本にしていることがさらによくわかりましたから、ドイツ語にものめり込みました。

〝世界のルールの中で、日本の立場とは〟

〝戦後のわが国はどうあるべきなのか〟

そういうことを考えながら、日米安保条約を巡る混乱を目の当たりにした後に、国際政治や経済について勉強を深めたら、今度は米国に留学したくなっていました。

さらに大学3年生になると、いよいよ政治への道を明確に思い描くようになっていました。でも自分の場合は、地盤、看板、カバンがないから、日本の大学だけでなく米国の大学に留学して勉強をしよう、ぜひとも留学して知見を広めよう、と決心しました。

そして、いざ政治家になったときに、諸外国とも渡り合って日本の役に立ってやろうという思考が固まっていきました。少年時代に苦手だった英語も、いつの間にか、この頃には随分ましなものになっていました。

## 鉄は国家なり、だけど

私が就職活動をしていた時代は、ちょうど東京五輪を間近に控えた頃でした。建設ラッシュ真っ盛りで「鉄は国家なり」という時代です。担当教授の推薦をもらって、旧日本製鐵の流れを汲む八幡製鐵の試験に臨むことになりました。45分の長い面接試験を受験し、ありがたく合格をいただきました。大企業ですが、大学新卒は18人しか採用しなかったと思います。東大9人、京大3人、あとは慶応など。たしか日大の棒高跳びの有名選手もいました。

大学4年の秋に内定式が東京・丸の内の第一鉄鋼ビルで行われ、大歓迎を受けました。内定者たちは、もう一緒に働く気満々です。

内定式を終え、その勢いでなんとなく、霞が関のほうへ足が向きました。大蔵省（現財務省）で働いていた、仲の良かった京大の先輩を訪ねたのです。

2人で大蔵省内の食堂でカレーを食べながら、八幡製鐵の歓待ぶりに始まり、そのうち留学をしたい、やがて政治家を目指したいなどと、旧知の気楽さで話に花を咲かせていました。

すると、先輩がふと怪訝な顔をして、スプーン片手に言うではないですか。

「そういうふうに本気で考えてんのなら、役人のほうがやりやすいんとちゃうん？」

私は素直で、単純な性格です。

「えぇ？　そうなんか！」と率直に思ってしまったのです。

大学の同じクラスの友人たちは、優秀で気のいい人間ばかりでした。彼らには、よく遊びや勉強会に誘ってもらっていましたが、

「竹本くん、受けに行こう。箔付けになるよ」

と春の公務員試験にも誘われていたのです。

その誘いに乗って、軽い気持ちで記念受験で受験してみたら、なんとか合格していました。つまり、省庁の受験資格を持つことができていたのです。

そのことを、先輩の言葉を前に急に思い出しました。

八幡製鐵の内定式で大歓待を受けていましたから、迷いに迷いましたが、決心しました。

当然ながら、今度は、ともに働く気満々だった八幡製鐵に断りに行かなくてはいけ

ません。内定式とは全く違う心境で再び丸の内に赴くと、当時の副社長で人事担当役員だった藤井丙午さんが出ていらっしゃいました。政界と財界の両方に通じた大人物で、参議院議員も務め、１９４８（昭和23）年の芦田均内閣では経済安定政務次官まで務めた方です。

緊張しながら、かくかくしかじか、と説明をしましたら、憤懣《ふんまん》やる方ないというふうで、

「きみ、いま、ナンて言ったんだ？」

内定を辞退します、と言ったわけです。

当然ながら、怒っていらっしゃいます。気圧《けお》されるまま、押し黙っていましたら、

「大蔵省を断って、ウチに来るやつが毎年５人も６人もいるのに。いったいどこへ行くんだ？」

「……」

さらに黙っていたら、「もういい、行け！」と解放してくださいました。

日本中の大学から、たった18人しか採用していない中からの辞退者です。そして当時、たしか八幡製鐵の初任給が３万８０００円で、国家公務員は１万７２００円でし

た。

それだけではありませんが、怒られて、呆れられて当時は当然でした。

結果として、あの選択がよかったか、悪かったか、今となってはわかりません。

とにかく「鉄は国家なり」の時代でした。八幡製鐵という企業は、やはり別格だったのです。それを蹴っての役人人生への幕が切って落とされたのです。

# 第3章

# 留学時代

## ピッチャーとキャッチャー

1964（昭和39）年、東京の阿佐ヶ谷にアパートを借り、役人としての生活がスタートしました。その後、研修等を受けながら、霞が関の流儀にも慣れ始めた頃、フルブライト留学制度のことを知りました。1945年にアメリカ合衆国上院議員J・ウィリアム・フルブライトの発案で、「世界各国の相互理解を高める目的」で設立された海外交流プログラムと奨学金制度のことを指します。この制度自体は1967年には終了し、代わりに国家公務員用に人事院の長期在外派遣留学制度という国費による政府の派遣プログラムが設立されます。

入省してから、それらの制度の存在を知ったのですが、もうそれは自分のためにあるような制度だと思いました。それを知って以降、留学資格を勝ち取るために、役所の仕事と勉強に精を出す日々が始まりました。

人生は2つとありません。

もともと、私は役人としてトップを目指す気はさらさらありませんでした。もっとも、周囲には政治家志望の役人たちがたくさんいました。当時主流の志向は、省庁の役人としてそれなりのポストに就いてから代議士へ、というコースです。

しかし、わりと昇進も早く、天下りも迅速に行われるのが霞が関の世界です。政治家志望の彼らも、みんな役人として偉くなりたい、一方で政治家にもなりたい、そのように二股をかけている人が多かったように思います。そのような人はやがて昇進して役人の世界に埋没していくように思います。私のように一徹に政治家を目指したいという人間はごく少数派でした。意気込みも違います。

「政治家と役人の違いは何か？」

こう問われたら、「ピッチャーとキャッチャーのようなもの」と私はいつも答えています。

政治家はピッチャー、役人はキャッチャー。

私は受ける側でなく、主体的にイシューを国会に投げ込むことのできる政治家をやりたかったのです。

## カリフォルニアへ

1970（昭和45）年、晴れて長期在外派遣留学の資格を得た私は、米国西海岸の中心地サンフランシスコ近郊に一留学生として送られることになりました。就学するのは、通称「UCB」で知られるカリフォルニア大学のバークレー校です。

上海の東亜同文書院大学にいたという外務省OBの方からの英語指導をはじめ、猛勉強の甲斐あって、事前にカリフォルニア大学とコロンビア大学、両校のアドミッション（大学入学資格）を得ていました。よくよく検討し、国際行政学を学べるカリフォルニア大学を選択したというわけです。

長期在外派遣留学制度は、原則として各省庁からひとりずつ出し、米国はじめ諸外国の行政を学ばせる目的で行われていました。ちなみにこの年は、ヨーロッパ組では日本銀行の総裁を務めることになる黒田東彦さんと、東京大学在学中に司法試験に合格し、その後、参議院議長まで務めあげた江田五月さんが、ともに英国オックスフォード大学へ留学をしています。

米国にも各省庁から同様に留学に送り出された役人たちがいました。バークレーには自治省から蒲谷亮一くん（後の横須賀市長）など俊秀が集まっていました。履修計画は個人ごとに様々。私の当初のプランは、バークレーの大学院で2年間、行政学を学び修士課程を修了するというものでした。後述しますが、このプランは追ってあっさり変更となります。

我々米国留学組は同年7月1日、まず簡単な研修や序盤の語学レッスンを行うハワイ・オアフ島へ到着しました。大学時代に加山雄三さんの映画『ハワイの若大将』を観ていて、憧れていた土地のひとつでした。

それは興奮しました。ハワイ大学では、金髪に水着の男女の学生たちが裸足で楽しそうに闊歩していました。60年代終わりの豊かな米国の姿がそこにはありました。

ハワイに3週間ほど滞在後、忘れもしない1969年7月20日、アポロ11号が月面着陸を果たし、ニール・アームストロング船長とバズ・オルドリンの2人が月に降り立ったその日に、私たちはホノルル空港を出発、いよいよカリフォルニアの土を踏むことになりました。

米国本土に初めて入ってみて、まず思ったのは「よくもこんな大国に戦争を仕掛けたな」ということです。そして太平洋戦争とは、コンクリートの高く厚い壁に、石ころをひとつずつ投げつけるような馬鹿げた戦いだったと実感しました。この衝撃は、後々まで政治家としての私の信条に結びつくことになります。

10月に入り、いざ新学期が始まると、キャンパスの様相は、映画や文学の舞台となったバークレーたる本領を見せつけ始めます。

ミッチェル・ダグラスの小説『ディーリング』、映画『卒業』の舞台となった大学正門サザーゲート前のスプロール・プラザにあったのは、ギターを弾く男子学生、半裸で踊り狂うヒッピーテイストの女子学生、ベトナム戦争への徴兵と戦争そのものの是非に対して真っ向から問うフリースピーチ、キリスト教の布教活動、「ハレ・クリシュナ」と繰り返す新興宗教の奇天烈《きてれつ》な踊り、そして大小のデモ、裏腹に日なたぼっこをしてのんびりトランプに興じる学生たち……などなどです。

これらが渾然一体となった景色が、朝から夜まで繰り広げられていました。まさに自由の極致、米国の若者文化の中心地といった光景でした。門の前は有名なテレグラフ・アベニューです。コーヒーショップ、煙草やパイプの店にはヒッピースタイルの学生たちが集まり、アングラ映画館、本屋、学生たちの様々な制作物を売るショップなど雑多で、一風変わった店舗が連なっています。これらの周辺コミュニティごとそのまま大学の一部となっており、風俗は大学構内のスプロール・プラザと何ひとつ変わりはありません。これはある意味、米国における大学の典型的なあり方のひとつなのだと後ほど知りました。

## 意外な初選挙

カリフォルニア大学バークレー校は非常に家庭的な雰囲気でした。日本から来た私たち３人の政府派遣留学生も、米国人学生や先生方に最初の２カ月間、週に２回は様々なパーティに招かれていました。ハワイでの語学研修の段階では、日本の各省庁や大学関係者など、海外に来たというのに日本人に囲まれた日々でしたから、バークレーに来てからは嬉しかった。おかげで現地の米国人の知人、友人が増え、何より本場の実践的な英語力を身につける第一歩となりました。

滞在中の寄宿先は「インターナショナル・ハウス」、通称アイ・ハウス。バークレー、シカゴ、ニューヨーク、そしてフランス・パリなどにあるこのアイ・

ハウスは、ロックフェラー財団からの寄付財産たるもので、全て海外からの大学院生のために運営されていました。

私は、バークレーで1年、さらにニューヨークでも一時期、このアイ・ハウスで過ごすことになり、多くの米国、ヨーロッパ各国、中国、そして日本から来た様々な立場の学生たちと交流をもつことになります。

新学期が始まるやいなや、アイ・ハウスに暮らす800人の学生を束ねる自治会のプレジデント（会長）とバイス・プレジデント（副会長）を選ぶ選挙に出る羽目になりました。

定例の学生自治会に極東地区代表として呑気に出席していたら、役人だからだったからでしょうか、米国人の友人の強い推薦で「出馬」することになったのです。「対立候補」は、インド系米国人学生、歴史学専攻の男子学生、哲学専攻の美人女子学生の3名。初めは、勉強がどれほど大変になるかわからないというのに、えらいことになってしまったという消極的な気持ちも働きました。

しかし、どうせ学ぶならこうやって米国社会の只中にどっぷり入って、実地で勉強をしたほうが面白いかもしれないと肚《はら》をくくることにしました。昔から、単純で切り替えも早い「ナオちゃん」の気質が、バークレーでも顔を出したのです。

翌日から、さっそく学内の中央ホールで選挙演説です。

スピーチした後は、学生たちからの質問にも答えなくてはいけません。英語でのスピーチも少し心得はありましたが、なんといっても本場米国の大学です。そして、日本語での選挙演説もまだ未経験だというのに、いきなり英語で「清き一票を」とやることになったのです。これは、さすがに緊張しました。

しかし、入念な準備と周囲の友人たちのサポートのおかげで、意外とスピーチは上手くいきました。質問にも不思議なほど、てきぱきと答えることができました。

しかし、〝ミス・バークレー〟と異名をとっていた美人学生から難しい質問をされると、途端にしどろもどろになってしまいました。「美人にはカタナシじゃないか」と冷やかされ、お祭り騒ぎの選挙の結果、意外なことにバイス・プレジデントに当選しました。この選挙は、本当に良い勉強になりました。

冗談みたいな話ですが、バークレーで英語が更に上達した後に、郊外にドライブに出て、電話でモーテルの予約をしたらその時点では外国人とは思われず、空室があるからＯＫと言っていたのにホテルに着いて実際顔を合わせてアジア人とわかると「部屋なんかない」とあからさまに東洋人差別を受けたこともありました。発音が良くなっていた証拠です。

それからは授業と共に忙しい日々が始まり、インド人、米国人2名、日本人の私というメンバーでアドミニストレーション（管理委員会）を組み、私は主として対外代表的な仕事に当たることになりました。

週2回のスチューデント・カウンシル（学生自治会）にはこの4人が必ず出席しなくてはならず、アジテーターや野次馬がいつも入ってくるので、毎回3〜4時間の長丁場の会になります。

寮費の決定、語学研修計画、職員の採用、数々の交歓パーティ、そして学生たちの政治活動に関する事象など、常に議論の絶えない議題が控えていました。いかにも米国らしく、発言内容や論争のポイントも具体的なものばかりです。メリットとデメリットの比較の後に選択を行う、合理的かつ民主的な決定がいくつも目の前を通り過ぎていきました。

何より感心したのは、どれほど重要な議案を扱っていても、必ずユーモアとウイットの入る余白、隙間が逐次ちゃんとあったこと。日本人の私には、この点はかなりの学びとなりました。

## 熱血授業と豊かなキャンパス

バークレー校の授業は、クォーター制の４学期制です。行政学原論、人事行政論、地域開発論、さらには経済学、外交理論まで欲張って出席しました。

初めて受講した時には、果たしてどれほどリスニングができるのだろうかと不安もあったのですが、いざやってみると、数々のパーティやアイ・ハウスの選挙の効果もあったのか、９割ほど理解することができました。

何より思い出深いのは、秋学期にいちばん厳しくて愉快な時間を提供してくれたセミナー方式のケイダン教授の授業です。

どんなテーマが飛び出すか分からない。各国の政治様式について、喧々諤々《けんけんがくがく》の議論がいきなり始まり、興じると机を叩き、腰を掛け、また立ち上がって教室内を歩き回る。学生たちとの議論に疲れると、教授室からコーラを持ってきてラッパ飲みしながらまた再開するのです。

その後、エルサレム大学で教鞭をとり、数々の著作を世に出された先生の授業は、非常にエキサイティングで、英語はもちろんのこと、ディスカッションのあり方について大いに学ぶ貴重な機会となりました。

冬学期の頃には、英語にもずいぶん慣れ、友だちも大勢できていました。

また、勉強の態度や成績、さらにはアイ・ハウスのアドミニストレーションの活動も評価されたのか、大学構内にある政治問題研究所から研究室も与えてもらいました。

研究所の図書はいくらでも借りられるし、全米1、2を争うといわれる蔵書数を誇る本部図書館も近く、研究所向かいにはヨーロッパ型近代憲法モデルの再検討や憲法裁判所の定義づけ、また『法と国家』などの著書でも知られるハンス・ケルゼン教授を記念した図書館までありました。

研究室は学生3人で共有、タイピスト1名付きの部屋。大学は、本部図書館に24時間いつでも入ることのできる鍵も貸与してくれていました。

読書や勉強に疲れると、ケルゼン図書館の2階娯楽室に行って、無料のコーヒーを飲みながら、仲良くなっていた研究所長やユーゴスラビア（当時）から来ていたサラエボ大学の教授と構内の芝生に座り込んで、真夜中まで東欧の外交問題を語り合う。そんな夜を何回も経験しました。

研究所から3分も歩けば、にぎやかなスプロール・プラザです。スチューデントユニオンのビルの地下の図書部で本を買い、隣のコーヒーショップでジャズを聞きながらコーヒーを飲んで、また研究室へ。今でもそのお気に入りのルートを鮮やかに思い出すことができます。

バークレーでは、思いがけない日本人との出会いにも恵まれました。朝日新聞の名物記者であった菊地育三さんがちょうど同地に駐在されていた折で、あちらこちらでよく遊んでいただきました。後年、ノーベル文学賞を受賞された大江健三郎さんをご紹介いただいたのも、菊地さんでした。

週末には大学の裏山でゴルフに興じ、郊外にドライブに出て、緑の平野を望み、時折友人のいる近郊のスタンフォード大学の授業の傍聴にも出かけました。公私ともに、長年憧れていた米国での勉学生活に昂揚感も覚えながら、カリキュラムを猛スピードでこなす私がそこにはいました。

実は、バークレー入校から数カ月ほど経ったころ、教授のひとりが私にある薦めを告げていました。

「ナオカズの今のペースならば、本来2年かかるところを11カ月で修めることができる。コロンビアのアドミッションも持っているのならば、飛び級で卒業して東海岸に行ってみては？」

## ベトナム戦争の影

バークレーのアイ・ハウスで、副自治会長という対外的な折衝も多い役目に就いたことで、この時代の米国の政治運動や社会問題に直接的に対面することもしばしばありました。

1969年というのは、ニクソン大統領当選といわゆるベトナミゼーションによって、まさにベトナム戦争の分岐点にあった時代です。アイ・ハウスの掲示板には反戦デモへの参加を呼びかけるビラが貼られることもありました。また、極端な反共主義者の職員によってそれが無断で取り去られるという「事件」も起こり、右翼団体も巻

バークレーでのベトナム戦争反対集会

バークレーの校門で

き込んで、地元新聞に関連記事が躍ったことも覚えています。

1970年の春頃になると、ROTC（予備役将校訓練課程）反対運動が全米に拡散し、バークレーのキャンパスでも、大小のデモと暴動が散発的に起き、催涙ガス弾がデモ隊に撃ち込まれるようなことが起きました。

バークレーでの大学紛争は、まさにベトナム戦争のようなゲリラ戦。いつ、どこで何が起こるかわからず、催涙ガスと投石がキャンパスライフの一部となっていました。そして頻発した放火事件は、全米屈指といわれた大学図書館に及び、死者こそいないものの当時損害数十億円ともいわれた火災も発生してしまいます。

さらに、米国のカンボジア侵攻という軍事行動に反対する学生が、州兵たちに銃撃されるというケント州立大学銃撃事件が同年5月に起こり、アイ・ハウスはもとより、学内の各学部、教授会、学長、さらには知事までも巻き込んだ1万人規模の集会や、学者を招いた講演会、討論会が相次いで行われる事態となりました。

1週間ほど続いたこの激動の時間の中、日本からやって来ていた私は、ある意味幸運ともいえる招きや機会を得て、元駐日大使エドウィン・ライシャワー教授や東アジア研究の権威でいらしたロバート・スカラピーノ教授から直接教えを受けることになります。

動的な社会における価値判断、高度選択の難しさ、そしてその中にあって失うべきでない客観的な批判精神と正確な判断力の重要性など。彼ら先生方の教えにより、そういったことが深く刻まれることとなりました。

## 涙の旅立ち

バークレーはひとつの街全体が学園のような環境でした。学生の政治活動を規制しようとする大学当局に連盟を以て抗するフリースピーチ運動、「バークレー方式」として知られる徹底した自由教育、米国初となった小中学校のバス通学による白人と黒人の混合教育の実施、というものです。

またバークレーは、新しい試みの実験場のようでもありました。本当に素晴らしかった。ちなみに、同校からはこれまでにノーベル賞受賞者が１１１人出ています。我が母校の京都大学にゆかりのある受賞者は11名ですから、驚くべき凄まじい成果です。

苦労もありましたが、楽しい思い出と友だちがたくさんできたカリフォルニアの日々でした。しかし、１９７０年９月には終わりを迎えます。

労働省（現厚生労働省）、自治省（現総務省）から来た友人たちはもう1年バークレーで学ぶことになるのですが、私はただひとり行政学修士を11カ月で修め、もう1年はニューヨークのコロンビア大学で過ごすことを決めました。先述の教授の薦めを素直に受け入れ、決心したものでした。

東海岸へ発つ日がやってきました。旅立ちにあたって、ひそかな夢だった、車での米国横断をこの機会に果たそうと考えていました。愛車としていたGMのスポーツカー・コルベアから、フォードのギャラクシーに買い替えて、横断旅行に臨むことにしました。

米国大陸の長い道中はさすがに怖いので、神戸の大学から留学に来ていたM先生に同行をお願いしました。友人たちに手伝ってもらって荷造りをし、慣れ親しんだアイ・ハウスを１９７０年９月17日に出発しました。

いざ車のキーを回そうとすると、どうでしょう。50人ほどのよく知った顔が、見送りに出てくるではありませんか。サンフランシスコのピアノバーで飲み騒いだ友だ

バークレー校語学教室のクラスメートのフランス人所有のセスナ機で１週間の周遊

ち、討論が高じて危うく喧嘩になりそうになった学生、先生方に、アドミニストレーションのメンバーたちです。また留学生でありながらセスナ機を所有していたフランスの友人もいました。彼とは1週間にわたってアメリカ西部を文字通り飛んで回りました。本当に楽しい思い出です。

私が出発の合図で、長いクラクションをブーッと鳴らすと、彼らはアイ・ハウスの歌、それも、歌詞の端々に思い出のエピソードをいくつも替え歌で盛り込んだオリジナルソングを歌いはじめました。

このときは、人生で初めてというくら

アメリカ大陸を自動車を運転してニューヨークに着いた頃。車はフォードのギャラクシー

いに男泣きに泣きました。あれほど感激にむせび泣いたことは、衆議院選挙初出馬の時にもなかったかもしれません。

ニューヨークまでは、ルート80のハイウェイをカナダ国境沿いにイエローストーン、南北ダコタ、シカゴを目指し、総距離6000キロ。言葉にしてしまうと簡単ですが、イエローストーン国立公園でモーテルを探しあぐねているうちに5、6頭の熊に車を囲まれてしまったり、ネバダ砂漠を前にモーテル探しが難航し、狼の遠吠えを聞きながら車中泊を余儀なくされたり、ユタ州のルート91でトラックに煽り運転を食らったり、高度1万フィートの吹雪が舞う山中で燃料の心配をしながら道に迷ったりと、いろんなことがありました。

同乗いただいた神戸商船大学のM先生にはだいぶ怖い思いをさせてしまい申し訳なかったのですが、ひとりではないことの有り難みを、これほど感じた経験もありませんでした。サンフランシスコを出て、12日目の夜9時、フィラデルフィアを抜け、ニュージャージーターンパイクを突っ走った後にエンパイア・ステート・ビルがはるか遠くに見えた時、「やったぞ」という感動で胸がいっぱいになったものです。

## 冷ややかな空気

ニューヨークはまさに人種のるつぼです。

あまりにも多人種の混合たる土地なので、人種や肌の色についての様々なエピソードや暗黙の了解事項を、カリフォルニアとは比較にならないほど数多く耳にする土地でした。

長い全米横断ドライブを経て到着してしばらくは、同地の会社に勤める友人の紹介で、１０３丁目のハドソン川沿いのホテルに居を構えました。当時のマンハッタンは、北へ行くほど黒人やプエルトリカンをはじめ、有色人種の割合が多くなると言われました。日本人も例外ではありません。商社など日系企業の社員も、北エリアの100丁目から120丁目に多く居住しており、日本料理店や日本の書籍専門店、日本食料品店などがその居住域に点在していました。

私の毎朝の日課は、滞在先の103丁目のホテルから、コロンビア大学のある116丁目までの13ブロックを、ブロードウェイに沿って通学することです。途中の店々は実のところ汚らしく、サンタバーバラなどカリフォルニア諸都市のゴミひとつないアベニューを見慣れていた目には、とても同じ国の景色とは思えないものがありました。

街路樹にうず高く積み上げられたゴミの山、白人の通行人に1ペニーをせがむ黒人の子ども、しばしば発生する喧嘩とそこに群がる野次馬たち、警官に食って掛かっているプエルトリカン、英語のほとんどできないドイツ人夫妻の文房具店……、これも現実のニューヨークです。

一方で、滞在する日本人の中には、あくまで少数派ですがあからさまにユダヤ人やプエルトリカン、黒人に対する優越意識を口にする向きもあり、興ざめさせられる場面に遭遇することも残念ながらあったものです。

また、カリフォルニアと同様に、人種問題やベトナム戦争がニューヨークにも影を落としていました。

よく覚えているのは大学院にいた、戦争帰りの身長2メートルほどもあるチェットという大男です。ふとした折に「ベトナムで21人殺したんだ」と繰り返し、あきらかに精神的な戦争の後遺症に苦しんでいるように映りました。ここでも、戦争の悲惨さを思わずにはいられませんでした。

私が米国に渡った前年の１９６８年には、コロンビア大学でも複数の派に分かれた学生と大学側が衝突し、７００名余の逮捕者を出すコロンビア大学暴動が勃発していました。しかし、２年後の１９７０年に同大学に大学院生として訪れてみると、白人の学生と黒人の学生の間は、冷徹なまでに無干渉、無交流という光景が目の前にありました。

カリフォルニアで出会った、東洋人の学生たちにも人懐っこく話しかけてくる米国人学生たちとは、比べるべくもありません。わずか2年前に人種の異なる学生たちが団結して当局と戦った同じ学校とは思えないほど、殺伐として冷ややかな分断の空気がコロンビア大学のキャンパスには流れていました。

大学の北側に出るとすぐハーレム地区に当たり、東側のモーニングサイドは、夜の独り歩きは危険とされていました。構内ではスラムの黒人の子どもたちが投石し合って、時には盗難騒ぎも繰り広げられていました。私が月90ドルのボロアパートで暮らしていた時に、2メートル近い若い黒人の大男が部屋に侵入してきたことがありました。「まだ19歳で昨日から何も食べてない」という泣き落としに根負けして解放したら、なんと、財布を盗られていました。

この時は財布盗難に気づき慌てて呼んだ警官に「もう忘れて諦めろ」と言われてしまうという、当時の米国ならではのオチまでつきました。米国という同じ国にあって、西海岸と東海岸のあまりに異なる景色です。

もっとも、いざ学び舎に入れば、カリフォルニアと変わらず勉学に勤しみました。せっかく少年時代からの憧れの土地で学ぶ機会を得て、残りの時間は1年足らずです。カリフォルニアで行政学修士をしっかり修めることができたので、ここでは経済やビジネスの知識を1年で詰め込んで、帰国後の役人仕事や将来の政治活動に活かそうと考えていました。

私がニューヨークに滞在中、三島由紀夫氏が１９７０年11月25日に、自衛隊の市ヶ谷駐屯地で割腹自決をした事件が起こります。このとき、三島作品の英語訳で知られ、コロンビア大学で教授を務めていたドナルド・キーンさんの講演会が学内のホールで催されました。このとき聴講しようと誘いに来てくれたのは、当時同大学の助教授でこの３年後に第39代大統領ジミー・カーターの大統領補佐官を務めることになるズビグニュー・ブレジンスキー氏と、当時やはり同大学助手をしており、その後教授となり東洋政治研究で名を馳せたジェラルド・カーティス氏でした。

三島事件は、『ニューヨーク・タイムズ』では海外欄の小さな記事にしかなりませんでした。それだけ米国にとって日本の事件はとるに足りないものだったのです。しかし、その後米国を代表することになる知識人たちがこの事件に興味を示し、私にも議論の貴重な機会を共有しようと誘いかけてくれたことは、その後の日米関係を考える上で大変価値のある機会となりました。

## 学び多き日々

1970年当時はまだ、ニクソン・ショックの前ですから、1ドルは360円です。でも、現地の富士銀行（現みずほ銀行）で換金するとレートは1ドル＝400円。役所の係長として5万円の給料が出てはいましたが、経済状態は楽なものではありませんでした。

だから、日本人同士で助け合う必要があったのですが、ときに彼らと集《つど》って遊ぶことはいい気分転換になりました。バークレーに負けず劣らず、コロンビアも宿題の多い学校でしたから、夜中まで自室で勉強し、興奮して眠れなくなると、近くのパブで1ドルちょっとで、みんなで粘ったものです。

当時のニューヨークは多人種都市ならではという様相で、ブロックごとにアイリッシュタウン、フレンチタウン、ジャーマンタウンなどと国ごとのコミュニティが分布していました。夜ごと、異なる国のコミュニティタウンにお邪魔し、話す言葉もバラバラでしたが、それぞれの国のお客さんとも交流しました。ときには女性に「踊りま

広中平祐教授夫妻とハーバード大学にて

せんか？」とダンスを申し込んだり。青春そのものといった感じで、楽しい思い出です。街場の英語と、ソシアルダンスはニューヨークの夜の時間で学ぶことになりました。

いまでもニューヨークで営まれている有名な日本食の名店に、「レストラン・アキ」があります。この「アキ」とは、広島県の地域名の「安芸」を意味します。オーナーは、広島から米国に渡ってきた岡村さんという女性でした。当時既に年配の女性だったのですが、ニューヨークに「11本ビルを持っている」と言いながら、小さな体でいつも質素な服にエプロンをしていて、いかにも働き者という雰囲気の方でした。聞けば、戦前に移民として渡米し、戦中にいったん帰国したものの、戦後また渡米したとのこと。サンフランシスコで、庭師・植木職人だった日系人のご主人と出会い、朝鮮戦争時にニューヨークで日本食レストランを出したところ、大当たりした、そんなサクセスストーリーの持ち主でした。

私が若さに任せて「そんなに金を儲けて何がしたいんですか」と無礼な口を聞いても、優しく笑いながら「私はアレが欲しいのよ」とエンパイア・ステート・ビルを指差す、豪快でチャーミングな方でした。クルーザーも所有されていたので、勉強の息抜きにと、ボストンの沖合まで鯖を釣りに連れて行ってくれたり、楽しい思い出も尽きません。

余談ですが、娘の岡村美穂子さんは少女時代、ニューヨーク滞在中の仏教者で哲学者の鈴木大拙氏の講演に感銘を受け、晩年の氏の秘書も務められた方です。石川県金沢市にある「鈴木大拙館」の名誉館長も務められています。

私はある時期、「レストラン・アキ」で働いている従業員の方と、ハーレムの目の前のボロアパートでルームシェアをしながら暮らしていたこともありました。湯川秀樹博士がコロンビア大学教授としてニューヨークにおられ、日本人初のノーベル賞に輝いた折に住まわれていたアパートとのことでしたが、じつをいうと前項で先述した、まんまと財布を盗られたボロアパートがここでした。

この「レストラン・アキ」の従業員の方は、戦前に渡米され、太平洋戦争開戦時に、山崎豊子さんの『二つの祖国』などに描かれた「日系人強制収容キャンプ」に収容された経験をお持ちの方でした。

真珠湾攻撃がなされた翌日、カリフォルニア州とネバダ州の境界にあるタホ湖に釣りに出かけて、サンフランシスコに帰ってみたら、州警察に拘束され「日本がパールハーバーを攻撃した。戦争だ！」ということで、そのままキャンプに移送されたそうです。それはびっくりしたけれど、「自宅と違ってストーブがあって、毎日オイチョカブばかりやってて、快適だった」と、あまりに意外な体験談も披露してくださったこともありました。

歴史というのは、様々な角度から見ないとわからないものだと、今でも非常に印象に残っているエピソードです。報道のされ方ひとつで印象が全く異なるものになるものです。

## 誇りと国力の差

何とか無事にコロンビア大学での勉学も修め、帰国も視野に入り始めた頃には、米国企業からヘッドハンティングも受けました。現地の投資顧問会社の採用担当者が来て、あなたを東京の事務所の代表にするから、ぜひやってほしいと言うのです。

大学の担当教授と有名日本食レストラン「サイトウ」で話を聞くことになりました。もともと、帰国して役所勤めをきちんとして、政治の道へという目標に変わりはありませんでしたが、日本円に換算して月に60万円を出すという話には、心底驚きました。月5万円の役人が高待遇に揺らいだ、という意味ではもちろんなく、米国と日本の国力の差を如実に感じたわけです。これはある意味、現在でも縮まっていない差なのかもしれませんが。

もっとも同時期には、黒人問題はもちろん、ベトナム戦争を巡る報道や、ネイティブアメリカンの人々が保有を主張して2年間に及んだ「アルカトラズ島占拠事件」もあり、公務員労働者のストライキもニューヨークでは散発し、また不況下でハーバード大学やスタンフォード大学を出た学生ですら多くが就職難にあえぐという、米国における好ましからざる多面性を露呈した時期でもありました。

ニューヨークでは、バークレーと同様にインターナショナル・ハウス、通称アイ・ハウスにも滞在しました。

米国との国力の差を日々感じる中で、トヨタのクラウンの売上台数が米国で10万台を突破したというニュースが流れ、日本人同士60人ほどがどっと集い、どんちゃん騒ぎをしたのも忘れられません。

私たちもまた、米国で暮らす異邦人として、自国の誇りに飢えていた存在でありました。

## 日本の役人、そして政治家

バークレー校に在学中のこと。日本の省庁から留学に来ていた私を含めた3人が政治学教授のロバート・スカラピーノ氏に呼ばれ、懇談を行ったことがありました。スカラピーノ氏は、東アジア研究で知られ、三木武夫元首相とも懇意でいらした方でした。

この時はわざわざ呼ばれたという印象だったので、私たちを指名して席を設けた理由を尋ねると、このような答えが返ってきました。

「日本は官僚が動かしている国だ。だから、日本をもっとよく知るために君たち役人と話をしたいと思った」

これは、政治家を志す過程で渡米していた私にとって、日本における官僚の役割について改めてよく認識するきっかけとなった言葉でした。もともと日本は、明治維新の時に、国のかたちをドイツに学んでいるので官僚制度を旨としています。そういう面で、民主主義、地方自治から出発している米国は随分違います。例えば、米国に不法移民がどんどんやって来ても抱えられるのは、地方自治で対応が異なるからです。日本の公務員制度も、戦後は米国に倣おうとしましたが、結局は前憲法時の制度に戻りました。米国の判断として、天皇制を残し、統治する手段としての官僚制度も覆すことはできなかったわけです。

連合国軍最高司令官のダグラス・マッカーサーが1945年8月30日に神奈川の厚木飛行場に降り立った時、旧日本軍の陸軍兵士が忠誠・服従の意思を示すべく、歩哨として道路に背を向け50メートル間隔で整列し、その列は皇居前のＧＨＱ本部まで続いていたと聞きます。それを見たマッカーサーは、日本の軍が完全に屈服した意思を感じるとともに、敗けてなお秩序を保つ国民性に脅威を感じたといいます。

ひょっとすると、日本の官僚制度の継続は、彼の頭の中ではその時決まっていたかもしれません。

「日本は官僚が動かしている国だ」

ニューヨークでの最後の日々、この言葉を何度となく思い返していました。

帰国したら、物事を決めてつくりあげることのできる役人としてやっていこう。そういった仕事を粛々とまっとうしていこう。このように、心に強く思うようになっていました。そして、やがては必ず、物事を動かす政治家の道を歩んでいこうという意志が醸成されていったのです。

# 第4章

# 役人時代

## チームづくり

1971（昭和46）年に帰国後、建設省（当時）各局で仕事し、やがて同省河川局防災課長補佐を務めます。

この頃、ある方からの紹介を得て、33歳の時に8つ下の妻・佐恵子と結婚することになりました。妻の父親は、元内務官僚で吉田茂首相の総理大臣秘書官から30歳で高知県警察長（現高知県警本部長）に転じた人です。その時に生まれたので妻の名前は土佐に恵まれた子ということで佐恵子となったのです。そういう家に育った妻ですから、大変に筋の通った考え方をする性分で、結婚以来今に至るまで、私には全く頭のあがらない存在です。

よく「竹本さんは、あの奥さんがいたからここまで頑張れたのだ」と言われることがありますが、全くおっしゃるとおりです。

妻のことは後述することにして、当時の役人生活に戻ります。

プライベートの地歩も固まり、いよいよ国の仕事に邁進していきました。留学時代、ロバート・スカラピーノ氏に言われた「日本は官僚が動かしている国だ」という言葉もずっと頭にありました。

最近こそ相当に「官邸主導」の政治が見られますが、昭和の日本はどちらかといえば「官僚主導」の国でした。野球でいえば、キャッチャーが試合をつくるようなものです。

１９７７（昭和52）年には、同省計画局国際課長補佐に就任します。この国際課は、日本の建設業界の企業を海外に出して、コンペティションに参加させ、外交も絡めて工事を獲得させるという仕事を旨としていました。

この頃、建設業の国際受注において進歩的だったスイスは、中東でかなりの成果を挙げていました。同国は、日本の九州程度の国土しか持ちません。主要な高速道路や堤防を造ったら建設業はあっという間に仕事がなくなってしまった。それで中東へ進出していったのです。

私たちは、国土の決して大きくない日本も、もっと積極的に海外に仕事を求めるべきだと考えたわけです。当時の国内ゼネコン企業の海外受注高は、およそ５００億円程度でした。

それから3年ほど国際課で取り組みを進めたら、12倍の6000億円ほどになりました。

イギリスや米国に頻繁に出向き、海外受注先進国である彼らのやり方を存分に学びました。それぞれのメソッドや取り組み方には大きな違いがあることも発見でした。

米国の場合は、あらゆる業務やセクションを請け負うことのできる総合建設企業のベクテルのような大企業が一社単独で、あるいはそういった企業が中心となりコンソーシアム（共同企業体）を形成します。

イギリスの場合は、ベクテルのような総合企業は存在せず、例えばコンサルティング会社が建設各分野の専門家を多数集めて、複数の建設会社も束ね、団体として受注獲得に掛かります。

日本の場合は、イギリスのような集合解散方式が適しているだろうと判断できました。

私は課長補佐でしたが、当時の課長が技術畑出身の方だったので、実務の多くを私に任せてくれました。また、同僚や後輩にも恵まれました。2020年から第6代日本郵政取締役兼代表執行役社長兼CEOを務めている増田寛也さんも私のいた建設省で採用した俊秀でした。

大手ゼネコンの幹部の方々も活発に省を訪れ、官民一体となって、職位も超え、大きな成果を挙げることに至った仕事となりました。

ときに、私が思うに優秀な人とは、目標を決めたら一心不乱に突き進むことのできる人です。結局、役人も政治家もひとりでは何もできません。ですから、優秀な人たちとうまくチームをつくりあげることが成功の秘訣だと常々考えています。そういったことを大いに学んだのが、この国際課の仕事でした。

## 政治家と役人

建設省住宅局、日本下水道事業団の任を巡った後、１９８０（昭和55）年に建設省から出向するかたちで、国土庁長官官房総務課広報室長を拝命します。

この時に、初めて仕事をご一緒し、その後も長くお世話になったのが、当時国土庁長官でいらした原健三郎さんです。

20期54年にわたって、93歳という歴代第2位の年齢まで衆議院議員を務められた、あの「ハラケン」さんです。帝国議会時代から議席を有した、最後の現役国会議員としても知られました。

この方とはウマが合うというか、大変に可愛がっていただき、私が政界に進出して以降も、公私にわたり大変お世話になりました。

およそ2年間、原健三郎長官の下、官房広報室長、つまりスポークスマンとして働く日々が続き、建設省に戻ることになった折には「感謝　竹本直一君」と書かれた木製の楯をいただきました。

1982（昭和57）年には、建設省近畿地方建設局総務部長を拝命します。同省の地方支分部局である地方整備局のひとつです。滋賀県、京都府、大阪府、兵庫県、奈良県、和歌山県、福井県を管轄地域としています。

これは前任の方から一気に10歳ほど若返った人事でしたので、同僚の皆さんは年上ばかり。若造だけど総務トップという重職の任に就いた経験は、初めてのことでしたので、非常に勉強になりました。

1984（昭和59）年、阪神高速道路公団業務部長に就きます。これは、かつて存在した特殊法人で、阪神高速道路公団法により1962（昭和37）年5月1日に設立

国土庁時代、広報室長として、各紙の新聞記者の諸氏と谷川岳へ

され、阪神高速道路を建設・管理する役目を負っていました。現在は日本高速道路保有・債務返済機構ならびに阪神高速道路株式会社に引き継がれています。

１９８７（昭和62）年には、首都高速道路公団総務部長に赴任。首都高速道路公団法により１９５９（昭和34）年６月17日に設立され、首都高速道路を建設・管理していましたが、２００５年９月30日、日本道路公団等民営化関係法施行法により解散。現在、業務は日本高速道路保有・債務返済機構ならびに首都高速道路株式会社に引き継がれています。

実は、政治家を志すきっかけのひとつが、地元の大阪南部地域の交通の便を改善したいという思いでした。それゆえ、高速道路を必要とする地域に開通させるためには、どのような行政的プロセスが必要なのか、非常に関心がありました。

米国大陸横断で自分が愉しみ挑んだようなハイウェイの建設をぜひ自身の地元で実現したかったのです。そして役人の立場で、政治家の立場で、それぞれにやれることは何なのか。そういった命題が常に頭の中にありました。

結局のところ、道路を造るのは官僚の仕事です。ただし、どこに造るのかはパワーゲームが要求されるので、役人だけでは難しい。政治家の力が大きく関与します。関係する各省庁のあらゆる関門、網の目をくぐり抜けるような思いで、意思・情報伝達の様々なルートを辿り、複数のチームで進めるものです。

これは長年にわたる私の命題となり続け、大阪南部高速道路、いわゆる略して「大南高」で、国の新広域道路計画において、高規格道路として位置づけられました。実際のところ政界を引退した現在でも、その実現に意欲を燃やし続けています。建設省や関係公団における様々な経験は、その後に大いに役立つ貴重なものとなりました。

## 退官

１９９０（平成２）年、建設省河川局河川総務課長を務めていた折、急な出向が決まります。出向先は、外務省。ミッションは、同年の開催が決まっていた「花博」です。花博とは、正式名称を「国際花と緑の博覧会」と言います。

同博覧会は、大阪府大阪市鶴見区と守口市に跨る鶴見緑地において、１８３日間の会期（１９９０年4月1日～9月30日）にて開催された博覧会国際事務局（ＢＩＥ）認定の国際博覧会で、またアジアで初めて開催された国際園芸家協会（ＡＩＰＨ）の国際園芸博覧会でもありました。「花と緑と人間生活のかかわりをとらえ、21世紀へ向けて潤いのある豊かな社会の創造をめざす」をテーマとし、日本を含む83カ国と55の国際機関、２１２企業・団体が参加しました。博覧会名誉総裁は、現在の天皇陛下、当時の皇太子徳仁親王でした。

私に課せられた任務は外務省職員として、政府代表（＝大使）代理を務めるというものでした。外務省の前イタリア大使で、この博覧会の政府代表を務めた西田誠哉さんを支えながら、皇族の対応、外国の大統領や首相の対応に当たるのが主な役目です。「ルック・イースト」で知られた当時のマレーシア首相のマハティールさんが家族6人で来日され、ご案内しながら、ASEAN諸国と日本の関係性の重要さについてお話しできたのは良い思い出です。

あまり知られていないことなのですが、同年が猛暑だったために開催期間中前半には、多くの花が枯れてしまうという事態が発生しました。皆で緊急協議を行い、どうしようかと頭を捻ったあげく、「関西には芸が達者な人が多い」という発言から、3000人規模の盆踊りや、巨大な紙の上での書道パフォーマンス、各流派の大茶会といった企画を実施し、大成功を収めました。

皆で知恵を出し合い、団結できれば、思った以上の大きな力を発するものです。結果として総来場者数2300万人超、特別博覧会史上最高を記録するに至ったことも、忘れられぬものとなりました。

「花博」政府代表代理の務めを成功のうちに終え、建設省に戻った頃、私も50代にさしかかろうとしていました。いよいよ選挙に出たい、政治の世界へ行きたい、という思いが強まるばかりでした。ここに至る以前にもよく知る関係者の方から、愛媛県の選挙区から衆議院選挙に出ないかという話をいただいたことがありました。しかし、やはり地元大阪の役に立ちたいという思いが強く、辞退させていただきました。

建設省内も、地元大阪も、私の長らくの思いを知る知人や関係者のムードも高まっていました。そしてついに、地元の大阪４区（当時）から出馬するべく、１９９２（平成４）年に退官を決意したのです。

しかし、この先には思いもかけぬ壁が、私を待っていたのです。

# 第5章

# 出馬への壁

## 着々と選挙準備

1964（昭和39）年以来ずっと勤めてきた役人の仕事に区切りをつけ、1992（平成4）年に建設省を退官しました。

当然、選挙に出るためです。

目標は、1993年頃までに公示されると目されていた第40回衆議院議員総選挙への出馬です。選挙区は、当時の中選挙区制における大阪府第4区。定数4で、東大阪市、富田林市、松原市、八尾市、河内長野《かわち》市、柏原市、羽曳野《はびきの》市、藤井寺市、大阪狭山市、南河内郡を区域とする選挙区でした。

私の生まれは南河内郡で、出身高校は府立富田林高校ですから、まさに地元です。

当時はまだ中選挙区制の時代で、4つの議席を自民党、公明党、社会党、共産党の現職が分け合う格好となっていました。もともとは自民党が2議席持っていた選挙区でしたが、社会党、共産党に割り込まれた格好で、当時の自民党の議席は塩川正十郎さんの1議席のみでした。

私は自民党から出るつもりで、着々と選挙準備にかかっていました。出身の建設省はもちろん、縁のあった日本建設業団体連合会（旧日建連）、日本土木工業協会（土工協）、建築業協会（建築協）、そして阪神高速道路公団にも協力をお願いし、演説会やセミナーの計画も続々と進行していました。

私は、塩川さんと共に戦い、自民党で2議席を奪還するつもりでいました。

しかし1992年、政界で新しい動きが起こります。熊本県知事だった細川護熙《もりひろ》さんが日本新党を結成し、同年の参議院選挙で4議席を獲得したのです。

明らかに違う風が吹いていました。翌1993（平成5）年に公示されるであろう第40回衆議院議員総選挙にも、全国に多くの同党候補者が擁立されることが予想されていました。

それは私が出馬予定だった大阪4区も例外ではありませんでした。

実をいうと私にも日本新党から声はかかりましたが、即座にお断りしました。あの時日本新党から出馬していたら、どうなったものやらと思います。

## 保保の戦いは

当時の建設省幹部のＡさんは、同じポストを私がやったこともあり、在籍時から麻雀の席まで共にするなど公私とも親しくつきあっていた方で、１９９３年の選挙でも当然のように応援いただけるものと思っていました。

しかし、ある時期から態度が一変します。

私は既に退官した身であるというのに、「省庁の看板を背負っているのだから出馬を遠慮しろ」と言ってきたのです。

驚いた私が周辺を調べてみると、当のＡさんは塩川正十郎さんからこのように言明されたらしいということがわかりました。

「竹本くんを大阪４区から選挙に出したら、君の次はないと思いなさい」

Ａさんはかねてから、役人としては最高職位となるポストを強く願っていることは私も聞いていていました。つまり、塩川さんはＡさんに、もし私が塩川さんと同じ選挙区から出馬するようなことがあれば、事務次官の目はないと脅しをかけてきたのです。

機運に乗った日本新党の候補が、大阪４区の自民票にある程度食い込んでくることは、確かに予想はできました。それでも私は南河内郡に生まれ、富田林高校を出た男です。塩川さんは選挙区の北、私は南地域と、十分な票を分け合い、２人揃って当選することはできるはずと固く信じていました。それだけに塩川さんの動きは信じられないものがありました。

また当時のAさんの動きは、人事局が目を光らせている現在ならば、絶対にあり得ない行いだったことだと思います。

公示を前に、地元後援者のはからいで、塩川さんと富田林市の料亭で一献交わす機会を持ちました。面と向かって話し合いを持ち、いよいよ決着をはかろうと考えたのです。

塩川さんは、やはり出て欲しくはない、と言います。

まだ言うのか……。生まれてからこれほど苦悩したことはありませんでした。

しかし、塩川さんの有力な支持者の方の一言が、私の出馬への固い決意を初めて揺るがせます。

「保保の戦いは、末代まで続きまっせ……」

日本各地で、時として繰り広げられてきた、同じ選挙区での保守勢力が袂を分かち戦った選挙を、念頭におっしゃった言葉だったのでしょう。

今後の影響の大きさを考えさせられるこのセリフに、さすがの私も頭を抱えて唸るばかりでした。さらに、塩川さんからは、私が次回選挙に大阪から出ることは認めるという意味で、「次は約束だ」との言質を取り付けました。

結局、1993年の第40回衆議院議員総選挙に私が出ることはありませんでした。

選挙結果は、塩川さんの自民党、公明党の現職、そして日本新党の新人、共産党の現職の4人が当選。塩川さんは14万票余をとってのトップ当選を果たしましたが、日本新党の新人も2万票差の12万票余を獲得しました。もし、私が出馬していたら……。こう何度も思い返しながら悔しい思いにくれたのは、ご想像のとおりです。

この選挙では、安倍晋三さんが38歳の新人で山口1区から初出馬し、トップ当選。岸田文雄さんが35歳の新人で広島1区から初出馬し、やはりトップ当選。私は彼らと同期になるはずだったのですが、残念ながらそれは叶いませんでした。

## 終わらない圧力

当然のことながら次に目指すべきは、第41回の衆議院議員総選挙でした。しかし、なんと妨害は続きます。

１９９５（平成７）年１月17日、阪神・淡路大震災のニュースに心を痛めながら、一方で自身の無力な立場に情けなさや苛立ちも覚えながら、翌18日に予定していた３００人を集めた大阪でのセミナーの準備にとりかかっていました。当日は、講師を建設省の先輩Ｂさんにお願いしていました。

しかし、夜更けにＢさんから電話が入ります。

「行けなくなった。ごめん、な……」

Ａさんから、もし私のセミナーに行くようなことがあれば、「後の面倒は見ない」と言われたというのです。Ｂさんは男泣きに泣きながら、電話をくれました。私も泣きました。役人にとって、人事等級の沙汰は絶対です。先々の人事を握られてしまった役人は、何も身動きできないのです。

建設省時代に出向した、あるいはともに事業に当たった旧日建連、土工協、建築協にもその動きは及びました。塩川さんとAさんから、「竹本くんが、何か頼みに来ても取り合ってくれるな」と強い働きかけがあったと聞きました。挙げ句の果ては、阪神高速道路公団の理事長のCさんにすら居留守を使われてしまう始末です。同理事長は結婚式の仲人を務めてくださった方でした。

そして極めつけは、ある企業への働きかけでした。私が顧問として契約し、一定の収入を得て生活の糧としていた企業でした。そこにAさんから連絡が入ります。

「竹本くんは団体の理事にしようと思うから、御社は契約を切ってくれ」

この企業と私の契約は、あくまでも民対民のものです。役所の世話になったものではありません。しかし、大企業とはいえ、中央官庁から睨まれたらやりづらいことこの上ありません。企業幹部の方々は気にしなくてもよいと慰留してくださいましたが、それでもお世話になった会社に迷惑をかけるわけにはいきません。悩んだ末、私から辞任することにしました。さすがにしっかり者の妻も、このときばかりは涙を流していたのを覚えています。

兵糧攻めでした。

結局その後、選挙に出るまでの期間、建設省の外郭団体の理事を務めることになりました。ちなみに身分は「みなし公務員」となるので、先述の企業との契約時とは状況が異なり、選挙に関わる活動は一切禁じられます。

塩川さんとAさんはそこまで見越して、一連の働きかけを行ったわけです。

今にして思えば、政治家としての塩川さんの行動は理解できないわけではありません。なぜなら、政治家にとって選挙はすべてをなげうって命がけで戦うものだからです。ただし、Aさんの行動は、私にとって到底容認できるものではありませんでした。

## いよいよ出馬へ

多くの妨害とも言えることが続きましたが、そんなことで次の選挙への私の思いが潰《つい》えることは、もちろんありませんでした。塩川さんやAさんがいかに動こうと、前回選挙を辞退した折、富田林の料亭で塩川さんから得た「次は約束だ」という言質は絶対だと考えていました。

また、思いがけず１９９４（平成６）年の公職選挙法改正により、中選挙区制が廃止され、小選挙区制に移行したことも追い風となりました。この改正により、旧来の中選挙区制下の大阪４区は分割され、私の生まれた南河内郡、出身高校のある富田林市は河内長野市、松原市、大阪狭山市と共に新たに区割りされた大阪15区に再編されます。

このときは、私が一時期顧問契約をしていた先述の企業幹部の方々も、ここぞとばかりに関係者とやりあってくれたと追って聞きました。その甲斐もあり、晴れて私は、この15区から自民党の公認を得て、出馬することになったのです。塩川さんのほうは、新たに東大阪市を選挙区とする大阪13区から出馬することで調整がなされました。

第１次橋本内閣が解散を決し、１９９６（平成８）年10月8日に、第41回衆議院議員総選挙が公示。私は富田林駅前に選挙事務所を開き、公示日初日に第一声を上げました。

「私は故郷に帰ってきました。これから故郷のために戦います！」

そして、肌身で感じてきた戦後日本の東西の発展の格差について言及しました。

例えば国際空港。成田国際空港は、激しい闘争ばかりが印象に強いところですが、全額国費で建設されています。一方、関西国際空港は国費は半分のみです。学研都市にしても同様です。筑波研究学園都市には、国の36の研究機関が全額国費で移設されています。一方、関西文化圏都市はほとんどが民間の手になるところで、国はほんの少し助成金を入れているのみです。こういうことだからこそ、今一度、関西の発展のために新しい政治の力が必要なのだ、と説きました。

建設省のキャリアをかなぐり捨てて、おとなしくしていればそれなりのポストに就けた将来をなげうった戦いです。私にとっては背水の陣でもあります。

しんどい思いの連続でしたが、それでも絶対に勝てると思っていました。

子どもの頃に苦手意識を持っていた人前でのスピーチも、長い時間をかけて日本と米国で鍛えてきました。実際にマイクを握って有権者の方々の表情を見ていたら、どのように私の思いが伝わっているかが手に取るようにわかりました。

実は選挙戦の前哨戦期間中の7月、象徴的なことがありました。

大阪狭山市のだんじり祭りを訪れたとき、地域の実力者の方が「前座に乗りなはれ」と言ってくれたのです。だんじりの前座といえば、地域の収め役が乗るところです。

「この土地のまつりごとは、地元のお前にまかせた」

そう言ってもらったような気がしました。大きな勇気をいただいたと同時に、大きな責任も感じた瞬間でした。

富田林高校の同級生たちも大勢手伝いに来てくれました。私の名字と、竹馬の友という言葉にかけて「竹馬会」という名をつけて、チラシを持って一緒に走り回ってくれ、事務所から電話をかけてくれたりしました。

本当にありがたかった。

党の公認こそいただいていましたが、新人ですから、もちろん派閥の応援も何もないし、当時は公明党も敵でした。

でも、「絶対に当選する！」と思っていました。

最終日の午後8時近く、河内松原駅を街宣車で訪れると、ものすごい数の人が出てきてくださいました。車が動けないほどです。いっぱいのお礼を言わなくてはいけない場面ですが、ウグイス嬢の皆さんが感極まって泣き出してしまい声を出せません。そこで私は、「ありがとうございます」とウグイス嬢に代わってお礼を申し上げました。

富田林高校の同窓生たち

選挙活動で力強く訴える著者

選挙で勝利を収めた著者

その言葉を発するのが精一杯でした。

それくらい皆が一丸となった選挙でした。今もあの感動は忘れられません。

1996年10月20日、大阪15区の有権者38万9539人の審判が下ります。

定数1に対して、候補者は4人。

結果は竹本直一、自由民主党公認・新人が8万1602票でトップ。新進党の新人として出馬した北川修二さんに4000票近くの差をつけ、勝ちきった結果でした。

54歳の新人が、ついに悲願を叶えた瞬間でした。

小選挙区制に移行した大阪には19の選挙区が設けられましたが、結果として勝利を収めた候補は、私と１区の中馬弘毅さんと18区の中山太郎さんの３名でした。この選挙で大阪13区から出馬した塩川正十郎さんは、他地区の自民党候補者同様に、新進党の新人に苦杯を嘗《な》めさせられることになりました。

## 情と派閥

いざ当選したら、どの派閥に所属するか、これが大きな問題になります。

自民党といえば、私のイメージは「所得倍増計画」の池田勇人首相でした。

先述したように、私が大学に入って間もない１９６０（昭和35）年、池田内閣の登場と所得倍増計画の表明から、一気に街の様相が、明るく、清潔に、華やいだものに変わりました。政治とは、政策とは、凄いものだなと感じた最初の体験でした。

池田首相発言の根拠は下村治という人の分析にありました。現在までに非常に切れ者の経済学者と評価されています。東京帝国大学出身で大蔵省に入省しますが、大病のため療養し、日銀政策委員を経て、池田首相に請われてブレーンになっています。

首相顧問としての発言で、「日本は１９６１年からの10年間で、ＧＮＰ（当時はＧ

DP〈国内総生産〉ではなくGNP〈国民総生産〉）成長率平均10%以上を達成する」と言ったという記録が残っています。これを錦の御旗にして、ここから日本の高度成長が始まりました。この発言は世界中で非常に話題になりましたが、結果はというと、予想を上回る数字を達成します。この池田勇人首相の派閥は、宏池会でした。

私の出身は建設省、政治家でいえば竹下登さんの関係が深い省です。当時は経世会を経て小渕派となっていました。出身省庁の関係から言えば、私は小渕派に入るのが筋と周囲からは考えられていました。

私が衆議院選挙に当選した直後、大阪のロイヤルホテルで祝賀会が催された際、竹下登元首相がいらしてくれました。首相経験者の登場ですから、周囲からものすごい数の人が押し寄せ、600人ほどがホテルから溢れたと聞きました。「さすがだな」と感激したものです。

「建設省出身だし、私も竹下派の流れを汲む小渕派入りかな」

さすがに、そういう気持ちになったものです。

しかし、ここでもまた、あの塩川正十郎さんが登場します。竹下氏の事務所に現れて、「竹本くんはオレの庭から出た人間。あなたの派閥に行かれるとオレのメンツがないんだ」と言ったとか。これには、さすがの竹下先生も困られたようです。

こういうわけで一旦、私が塩川さんの所属する安倍派に行く流れが生まれます。「でも行きたくないなぁ」と考えていた時でした。突然、当時幹事長だった森喜朗さんが「ヨーロッパ視察に行こう」と声をかけてこられたのです。メンバーは安倍晋三さん、馳浩さん、下村博文さん、河村建夫さんら、そして私です。当然ながら、私以外は全員安倍派です。いよいよここまでか、との思いでヨーロッパ視察に行きました。その後、半ば安倍派行きを観念しかけたところで、地元の後援会長にそれを話すと、「4年も邪魔したヤツに尻尾を振るのか」と一喝されました。

実は、ここで紹介すべきキーマンが、もうひとりいます。

1991（平成3）年当時、私の役人最後の務めとなった国土庁長官官房審議官の時代に、同庁政務次官をされていた白川勝彦さんです。弁護士で新潟県選出、『新憲法代議士』という本も書かれた、宏池会に所属していた大変優れた方でした。この方もまたウマが合うと言いますか、公私共に非常に仲良くしていただいた方でした。

当選してまもなく「小渕派に行きそう」と言ったら、「オレとお前の仲で、それはやめてくれ」と真剣な顔で言います。白川さんは実は「反角栄」で新潟から出た人で、角栄さん由来の小渕派とは真逆の立場にあったのです。

護憲派ですから、『新憲法代議士』の内容と相通ずるものを抱えている私です、情にもろい私は考え込んでしまいました。

結局、宏池会入りを決めた理由は、大学時代に池田勇人首相の「所得倍増計画」に受けた衝撃に加え、この白川さんとの縁がすべてでした。

私が1、2年生議員の時代には、宏池会には華やかな人材も揃っていました。河野洋平さん、相澤英之さん、麻生太郎さん、池田行彦さん、川崎二郎さん、古賀誠さん、加藤紘一さん、と多くいます。先輩議員でいえば宮澤喜一さんもそうでしたが、皆さん選挙の地盤がしっかりしている人ばかりです。「お公家集団」といわれる由縁でした。

宏池会はじつのところ、地盤などなく、私のように新人でのしあがったタイプの人には、旧竹下派の小渕派みたいなところが本当は良かったのでしょう。とはいえ、安倍派の皆さんには丁重にお断りを入れて、小渕総理からも綿貫民輔議長からも直々に何度となく声をかけていただきましたが、地元事情ゆえやはりお断りし、宏池会入りとなったのです。

森元首相や安倍元首相たちと行った中東視察

後年、宮澤元首相と

# 第6章

# 政治家として

## 外交と交通

1996（平成8）年の第41回衆議院議員総選挙で当選後、大阪15区で4期連続当選を果たしました。

2000（平成12）年には、自民党地方自治関係団体委員長に就任。そして2001（平成13）年の第2次森改造内閣で、初代経済産業大臣政務官に任命されます。

この頃、毎年ワシントンで日米国会議員会議が開催され、それに参加していました。その際、米国の有力者たちに1対1でお会いし、数々の意見交換を行い、親睦を深めました。

印象的だったのは、ジョージ・ブッシュ政権1期目で長官だったリチャード・アーミテージ氏、ドナルド・ラムズフェルド氏の2人です。いずれも異なるタイプの知日派で知恵者として、日米外交に大きな役割を果たし、貢献された方です。

私から見ると、戦後日米外交のデータがすべて頭に入っているという印象でした。だから議論も非常にスピーディなものでした。

小泉元首相と安倍元首相と

2003（平成15）年には、第1次小泉第2次改造内閣で厚生労働大臣政務官（医政、健康政策などの担当）に任命され、同職を第2次小泉内閣まで務めました。

2004（平成16）年には、役人時代から尽力してきた南阪奈《みなみはんな》道路《どうろ》が開通しました。大阪府堺市美原区から奈良県葛城市に至る自動車専用道路で、南阪奈道と略される道路です。私が初当選した1996年頃は、計画こそあれど、予算が30年近くついていない状態でした。当時、亀井静香さんが建設大臣で、日参してついに予算をつけてもらい、開通を果たすことができたものでした。

2005（平成17）年には、第3次小

泉改造内閣で財務副大臣（衆議院関係の事務等の担当）を拝命します。財務大臣だった谷垣禎一さんはもっぱら国会答弁に集中していました。

副大臣だった私は、勉強してきた英語の知識に最新の専門用語をさらに頭の中に入れながら国際会議を全部引き受け、米州開発銀行など国際大会の司会も行いました。そのような役割分担で、政務を遂行していきました。

ちなみに、この頃は財務副大臣をやると、次期政権ではどこかの大臣というのが一般的に言われていた時代でした。この副大臣のポストは、塩崎恭久さん、渡辺喜美さんと競って獲得したポストでしたが、次期政権は民主党に渡り、自民党は下野します。1度目の入閣のチャンスが目の前を通り過ぎてしまいました。

2007（平成19）年には、出身省庁に由来する衆議院国土交通委員長に就任します。私は建設省出身ですから、国土交通委員長の役職には以前からかなり思うところがありました。1970年代から80年代にかけて、省には関西国際空港建設を請う陳情団がしょっちゅう来ていました。忘れもしません。

この折に、国土交通省の役人がレクチャーに来て、こう言うのです。

「関西に2つも国際空港が必要ですか？」

そこで私は、「馬鹿言っちゃいかんよ、世界を見渡せばわかるだろ」と一喝しました。

人口１５００万人以上の都市圏であれば、もうその都市圏だけで国際空港は複数必要になります。ロンドン、ニューヨーク、ソウルなど、みなそうです。

このとき、伊丹空港（大阪国際空港）から「国際」の看板を外すという案も、当時の国土交通大臣の冬柴鐵三さんから降りてきましたが、それは一も二もなく蹴り飛ばしました。阪神・淡路大震災のときに、伊丹空港は使えたのですが、関空は海上にあるため海からの浸水がひどく、インフラの拠点として使用できなかったのです。

伊丹空港は海外の玄関口として絶対必要で、セキュリティの意味においても重要と考えていました。

## 都構想に勝つ

２００９（平成21）年の第45回衆議院議員総選挙で、比例復活を経て５選を果たします。

野党時代のこの２００９年以降、自民党大阪府連会長として選挙戦全般を戦い、大阪の衆議院の現職が私以外はいなかった状態から一転、２０１２（平成24）年第46回衆議院議員総選挙では７つの議席を獲得しました。

２０１０（平成22）年９月、自由民主党シャドウ・キャビネットで影の国家公安委員長（内閣府担当大臣として地方分権改革・金融・経済財政・消費者及び食品安全・拉致問題の各分野も担当）に起用されました。

２０１２（平成24）年10月、自由民主党総裁に就任した安倍晋三さんの下で「影の財務大臣」に就任します。このときは党の財務金融部会長も兼務しました。

２０１２年12月の第46回衆議院議員総選挙でも府連会長として選挙戦を展開し、候補を擁立した15の区で15議席を獲得しました。当時総理の安倍さんからは、ずいぶんお褒めの言葉をいただいたものです。私自身は自民党公認、公明党推薦で大阪15区から出馬し、比例近畿ブロックで再び復活して６選を果たします。

２０１３（平成25）年には、衆議院科学技術・イノベーション推進特別委員会委員長に就任します。

２０１４（平成26）年の第47回衆議院議員総選挙では、自民党公認、公明党推薦で

地元大阪での選挙応援、一歩一歩踏みしめて勝利へ

大阪15区から出馬し、７選を達成しました。

２０１５（平成27）年１月、衆議院北朝鮮による拉致問題等に関する特別委員長に就任しました。

２０１５年の夏には、維新の会が唱えた「大阪都構想」について、大阪市民による住民投票が行われました。誰もが初めての経験であり、かつてない緊張感が走ったことを覚えています。

当時人気の橋下徹さんを前面に立てながら、維新が大いに都構想の機運を盛り上げ、自民、公明、民主は反都構想の陣営として相対しました。

維新の風が吹いている折でしたから、「とても橋下には勝てない」と言われたものですが、私は大阪市民の「損得勘定」に訴える手段に出ました。

「今、大阪市の福祉水準は大阪府でもっとも高いが、府と市が合併したら、確実に現在の大阪市エリアの福祉環境は当然低下します。それでもいいのですか」「住所表示から大阪市が消えると看板も名刺も変える必要があります。それらは皆さんの負担です。それでもいいですか」

こうした私のスピーチをテープに吹き込んで、街宣車で隅々まで回ってもらうようにしました。

結果、わずか2万票ほどの差で勝ち切りました。

開票日にテレビ出演し、橋下さんは政治家をやめると言い切り、私は「そんなことをしなくても」と話しかけましたが、橋下さんはその言葉通りに政界から引退され、現在に至ります。結局、都構想はこれまで2度にわたって否決されていますが、やはり大阪市民としては「故郷の大阪市がなくなる」という寂しさを拭い難いものがあるのではないでしょうか。

## 万博でロシアに勝利

２０１６（平成28）年12月2日には、２０２５（令和７）年に大阪での国際博覧会（万博）開催を実現するため、国会議員28人が呼びかけ人となり、超党派の「２０２５年大阪万国博覧会を実現する国会議員連盟」の設立総会が、東京都内で開催されました。

この２０２５年万博招致のそもそもの発端は、当時大阪府知事だった松井一郎さんが「大阪で万博をやりたい」と言い出したことでした。

これを聞いた大阪の自民党は私以外ほとんど反対でした。なぜ反対かというと、「今どき万博ではない」という意見が多数でした。大阪の経済界も全く乗り気ではありませんでした。

でも、私は考えました。

大阪にとって万博があるのとないのと、どちらがいいのか。

東京は数多くのイベントがあります。東京２０２０オリンピック・パラリンピックだって開催が決まっていました。

それならば大阪にも、ビッグイベントがあっていい。チャンスを活かそう。

私はそのように考えました。

思いついたら、行動の速い私です。

すぐに自民党本部内に「大阪万博誘致推進本部」を立ち上げます。当時の安倍総理はオリンピック組織委員会の議長でしたから、党幹事長の二階俊博さんのところに行って、本部長をお願いしました。私のほうは幹事長を勧められましたが、このときは何よりも事務が大事と考えて、事務局長に就任しました。

当初の立候補地は、ロシアのエカテリンブルク、アゼルバイジャンのバクー、フランスのパリ、そして大阪です。誘致活動を展開し、自民党内で手分けをし、各国大使館、各国訪問を繰り広げました。

当時の外務大臣は英語の達者な河野太郎さん、経済産業大臣は世耕弘成さんでした。それぞれ各国へ訪問機会があるたびに誘致広報活動もしていただきました。もちろん、安倍総理も外遊のたびに、万博招致活動を話題に挙げ、各国の機運を盛り上げてくださいました。

２０１８（平成30）年11月、パリのＯＥＣＤ本部で開催されたＢＩＥ（博覧会国際事務局）総会が決戦の場となったわけですが、この以前にもロビー活動は活発に行われ、私も日仏議員連盟の事務総長をしていたので、まずパリ五輪を２０２４年に控えるフランス側の議員連盟の議員に働きかけて、降りてもらう工作を行いました。

総会では、ＢＩＥ加盟の１７０カ国、約２０００人の聴衆が集まる中、ロシアとアゼルバイジャンと争い、１回目投票でアゼルバイジャンが敗退します。

ロシアは、ボリショイ劇場出身の代表団団長の朗々たる素晴らしい声の持ち主がプレゼンし、圧倒的な拍手を受けていました。そのような中、投票の合間に私はロシア代表団のところに行き、「今回は日本に譲ってくれ」と働きかけたりしました。もちろんロシアが辞退することはありませんでしたが。

開催地を巡る争いですが、現場の空気は和気あいあいとしたもので皆が楽しんでいました。もっとも、出国前には安倍首相から「プーチンが本気なんだ」「大丈夫なのか」と言われ、「いや、大丈夫です」と即答する場面も実はありました。楽しくも、私は真剣だったのです。

最終的には、ロシアに約30票の差をつけて、私たちが勝利しました。なんといっても奏功したのはフランスを中心とした各国への熱心な根回しです。

最後の決選投票に行く前の詰めの段階で、根回しのためイタリアとスロバキアに行こうとした時のことですが、自民党本部の幹事長室で議論になった際、大阪の某国会議員が反対したらしく、それで旅費が出なくなって自費で行ったなどということも、今では良い思い出です。この時に河村建夫先生が半分負担してくれました。

後日、万博の進捗を報告する場面で、ＢＩＥの当時の次長、ケルケンツェスさんから「日本の場合は超党派の推進議連をつくってくれたので、政変によるリスクがない、だからよかった」と言われました。決定から実施まで10年はかかるので、国によっては政変や政権交代で決定事項の話が覆ることがあるのだそうです。

私たちは勝ち抜き、ロシアのエカテリンブルクが敗れたわけですが、もし逆の結果だったら、ウクライナ侵攻は起こらなかったかもしれないんじゃないかと、時々考えてしまいます。

ロシアのような国には、経済制裁などよりもっと効果があるのは、国際的な名誉のしばりをつけるなど倫理のフレームワークを与えることなのかもしれません。

## 南北会談の前に

２０１７（平成29）年10月の第48回衆議院議員総選挙に自民党公認、公明党推薦で大阪15区から出馬し、８選を果たします。

ちょうどこれと前後して、２０１７年の8月、私は日韓議員連盟の経済・科学技術委員長として、韓国大統領府（青瓦台）に文在寅《ムン・ジェイン》大統領を表敬訪問しました。文大統領は同年5月に就任し、ちょうど半年ほど経った頃でした。反日の報道ばかりされる文大統領ですが、日本についても熟知されており、度量の大きさと、現実を見る目の確かさなどから、優秀な政治家という第一印象を受けた記憶があります。

文大統領は英語も達者な方だったので、２人で通訳を入れずにかなり率直な話をしました。南北会談も噂されていた折でしたから、話がかなり煮詰まってきたところで、単刀直入に言いました。

「オレは、政治家生活20年。君は大統領1年生だ。だからオレの言うことを聞いてくれ。君は、金正恩総書記と友達になるべきだ」

文在寅大統領と

まるで、ガキ大将の「ナオちゃん」の本性丸出しの会談でしたが、大統領は柔和な笑顔で頷いてくれました。さらに私は続けました。

「金総書記は、おそらくちょっとした狂騒状態にある。追い込むと窮鼠《きゅうそ》猫を噛むではないが、何をするかわからない。きっと相談相手を欲しているのだから、君がその相談相手になればいい。そうすれば、日本も、世界も助かるよ。ノーベル賞だって夢ではないかもしれない」

バークレー方式の白熱した議論口調そのままに続けました。文在寅大統領は、

「そんなことを言ってくれたのは、竹本さんが初めてだ」

と言ってくれ、私たちは固い握手と笑顔を交わし、別れました。

それが功を奏したかどうかわかりませんが、11カ月後の２０１８年４月27日、板門店の韓国側施設「平和の家」において11年ぶりの南北首脳会談が実現しました。

北朝鮮の首脳が軍事境界線を越えて韓国側入りしたことは史上初のことです。

これにより、「朝鮮半島の完全な非核化を南北の共同目標とし、積極的に努力をすること、１９５３年から休戦状態の朝鮮戦争の平和協定の締結を２０１８年中に目指して恒久的な平和体制に向けた南・北・米３者、または南・北・米・中４者会談の開催を積極的に推進すること、軍事境界線一帯での敵対行為を中止して非武装地帯を実質的な『平和地帯』とすること」などを内容とする「板門店宣言」が共同で発表されました。

以来、彼らは合計３度の南北首脳会談を実施しています。新型コロナウイルス感染症の流行、そして政権の交代などもあり、未だ両国とも平和外交は道半ばという状況ですが、強い希望を持って見守っていきたいと思います。

## リニア新幹線

2013（平成25）年、自民党の超電導リニア鉄道に関する特別委員会委員長に就任しました。皆さんご存じのように、東京―大阪間を1時間ほどで結ぼうというプロジェクトで、大の推進派のひとりが安倍晋三氏でした。

JR東海による当初計画ではプロジェクト開始から全線開通まで30年かかるとし、東京―名古屋間は2027年、名古屋―大阪間は2045年にそれぞれ開通というスケジュールでした。

しかし、「大阪はそんなに待てない」と、私は運動を展開し、政府から財政投融資資金3兆円を低金利の30年ローンで付けて、結果として8年短縮し、全線開通は2037年を目指すというスケジュールを獲得しました。

大阪選出の政治家として、絶対に譲れないところでした。

現在は、2023年に東京―名古屋間の環境影響調査の開始を求めているところです。また、沿線の85％が地下を走るインフラなので、土木・掘削に詳しい静岡県知事の川勝平太さんなどはルートを慎重に見極めていると聞きますが、今後の積極的な政策議論を待ちたいと思います。

## 初入閣はＩＴ政策大臣

２０１９（令和元）年９月11日、第４次安倍第２次改造内閣において、ＩＴ政策担当大臣と科学技術政策担当、宇宙政策担当、クールジャパン戦略担当、知的財産戦略担当の特命担当大臣として初入閣しました。78歳での初入閣、憲政史上最高齢といわれました。

最先端科学技術分野の進歩と創造は、国の成長に欠かすことのできないものと思います。以下は、大臣として強く真剣に思っていたことです。この分野に対しての基本的な姿勢と熱意は、私は今もなんら変わりはありません。

このポストに就いてまず考えたのは、このポストは「日本の未来を豊かにする国家戦略を考えるポスト」であるということです。日本がどの分野を伸ばしていけば、世界に貢献する経済先進国であり続けることができるか。着任の日から考えを巡らせることとなりました。

そして得た着想が、「諸外国と比較して遅れているように見えるスタートアップの育成こそ、これからの日本の経済発展に一番重要ではないか」という仮説でした。

スタートアップとは、新しいことに取り組み、成長することを目指す企業です。ベンチャーとも呼ばれ、起業家が新しいことにチャレンジする舞台。小さな組織から始まるがゆえに、多様なチャレンジにも取り組め、米国などを見るとわかるように、成長産業においては国の経済に新風を吹き込む存在にすらなり得ます。

日本も、内閣府と各省庁が連携して、米国シリコンバレーのようなスタートアップが次々と生まれ、成長する土壌をつくっていこうと政策を動かし始めることとなりました。

「スタートアップ・エコシステム拠点形成」という政策です。

スタートアップのみならず、その周りのエコシステム（生態系：自然界の生態系のように様々な主体が活動する場を生み出し、スタートアップの場合は、起業家、投資家、大学、地域企業、大企業、専門家、行政など）が活発になる仕組みを推進し、創り出そうという取り組みです。

様々な人材、企業、資金が集まる都市にはとりわけ注目し、スタートアップ・エコシステム拠点都市を形成することにしました。

２０２０年７月に、東京圏、名古屋圏、京阪神、福岡をグローバル拠点都市として指定。札幌、仙台、広島、北九州を推進拠点都市として選定し、政府の支援を強化することとなりました。

日本の中小企業政策は、従来、大企業に対して不利な立場の中小企業を低利融資で助ける、経営困難に陥った企業に対して補助金を出して救う、といったことを中心に施策を実施してきました。弱いところを補って助けるといった政策です。

しかし、スタートアップ育成の視点は違います。凹《へこ》んだところを埋め合わせるのではなく、伸びる可能性のあるところに政府が積極的に支援をして、世界で戦うことのできる企業を育てることが大事であると、政策の基本理念を転換したものです。

シリコンバレーは世界トップを目指す企業が自然発生的に登場する環境になって

います。この日本の現状では、何もせずに待っていたのでは、そうはならないと私たちは考えました。もし動いても、相当時間がかかるとの思いから、強力な政策的な支援が必要だとも。

スタートアップ・エコシステム拠点都市の選定と前後して、国内の各都市を内閣府の科学技術・イノベーション担当のチームとともに訪問して回りました。

全部で11都市、100人を超えるスタートアップ経営者、数百人のスタートアップ支援者との会合・対話を進めました。その中で見えてきたのは、日本のスタートアップを巡る環境は、一見世界から後れているように見えるが、実際のところは、国内各地域や各分野で新しい動きがどんどん起こっているし、大きな潜在力があるということです。

例えば、東京・渋谷では、ビットバレーと呼ばれた集積が1990年代から始まっており、その蓄積が新しい形で花開こうとしています。

東京・日本橋はもともと製薬業者が多いエリアであり、今は連携を求めて大手製薬企業の本社周辺に、医療系のスタートアップが集まっています。丸の内、虎ノ門もかつては大企業中心のエリアでしたが、そういった企業群に新しいイノベーションの風を送ることを目的として、スタートアップを支援する施設が次々と設置され、これまでとは違う盛り上がりを見せています。

つくば、和光などの研究機関が集積するエリア、川崎、横浜の産業集積エリアでもスタートアップを軸とした新しい取り組みが進んでいます。

名古屋市を中心とする地域は、極めて大きい可能性を秘めた場所です。名古屋大学というノーベル賞受賞学者を多数輩出している総合大学があり、堅実な中小企業が同大学との多様なタイアップを試みながら、ものづくりの世界にイノベーションを起こそうとしています。

世界に冠たるトヨタ自動車とその関連企業群も、新しい分野への進出に取り組んでいます。少し離れた浜松でもスタートアップの活動が活発化しています。もともと本田宗一郎さんがホンダを創業した土地であり、スズキ、ヤマハなど多くの企業が生まれた町でもあります。

これら「やらまいか精神」の企業群と、名古屋圏の学府、企業との連携も楽しみです。京阪神は、従来よりそれぞれの都市で、スタートアップの支援が活発化していました。

さらに拠点都市設定をきっかけとし、京都、大阪、神戸の3都市の産業界、大学、自治体ががっちりと手を組んで支援策を推進することになりました。大阪・関西万博に向けての新しい動きとともに期待が膨らみます。

福岡は首長たちの強力なイニシアチブのもとで、スタートアップ都市として近年大きく発展しています。コミュニティの熱量は、独特のものがあるといってよいでしょう。

積極的でアイデアいっぱいの若手起業家が、街の中心に集まり議論を戦わせている姿は、街と人のエネルギーそのものを感じさせます。

札幌、仙台、広島、北九州でも、地域の特色を活かしつつ、スタートアップや大学の活動、行政の支援が加速中です。

このような、各地域における新しい動きや活力を、政府としてしっかりと応援することが、今後も大切であると考えています。

起業家が起業しようとするときに、最初に直面するのは資金の問題です。新しい事業に取り組むので銀行の融資は受けづらく、事業が成功する可能性を信じて、ベンチャーキャピタルの投資がなされればそれにこしたことはありませんが、なかなかそうはいきません。

しかし、起業家を応援するコミュニティやネットワークがあれば、事態は変わってきます。東京大学では産学連携本部、東京大学ＴＬＯ、東京大学エッジキャピタルをはじめとする大学のファンドのネットワークが起業家を応援する仕組みができていて、多くの成長企業を生み出しています。人と人との知恵の集約をさらに極大化することができるわけです。このような生産的な仕組みがスタートアップ拠点として指定した地域に、それぞれ特徴ある形で形成されることが理想的であると考えています。

今や、スタートアップの活動分野は宇宙開発にも広がっています。ものすごいスピードで宇宙を飛び交う宇宙ゴミ（壊れた人工衛星の破片など）を、活動中の人工衛星に衝突する大事故となる前に捕まえて、大気圏で燃やしてしまう、そんな夢のようなプロジェクトに取り組むアストロスケール社には、世界の投資家の資金が集まっています。

経営人材や技術、ビジネスプランなどの条件が整えば、世界から投資が集まり、想いが実現に近づく時代なのです。

日本が世界第2位の経済大国であった時代は、すでに歴史に過ぎません。過去のものです。

ＧＤＰで第2位の座を譲った中国との差も開きつつあります。

日本が今後、豊かな国であり続けるためには、世界に誇る技術力と各分野の人材の発掘とその活躍のバックアップが必須です。スタートアップの活動はその鍵を握ります。

志のある人がスタートアップに取り組む、またスタートアップを応援する上で、役に立つことは何か。

現在の日本のスタートアップ・エコシステムがどのような状況にあり、どこに向かっているのか。一緒に考えていきたいと思っています。

この国には底力があります。またやる気と能力のある若者も多いことを本当に実感しました。今後も政と民が力を合わせて起業家を育てていくべきです。

# 第7章

# 未来へ

## 政治とは

10年ほど前、党内に警備業議員連盟というものをつくりました。警備業に携わる人が、全国に約60万人います。初めは全くひとりで、仲間の議員たちを呼び集めて結成しました。業界に理解のある国会議員を集めたわけです。私たち議員連盟から、国土交通省、警察庁といった各省庁へ彼らの労務単価アップを働きかけて、今までに4回ベースアップをすることができました。結果として50％ほどアップできたと思います。

もともと、こういった議連をつくろうと思ったのは、初当選後まもない折に、建設現場の足場で作業する人が、1年で200〜300人転落して亡くなっているという話を聞いたことがきっかけでした。ちょうど自然災害で亡くなる方の1年の人数と近い数字でした。

そんな気の毒なことがあるのかと、人道的な見地から古巣の建設省に話をしたところ、現役官僚たちは「そんなことをやるとコストが張るから、建設業界は怒りますよ」と言います。

なるほどな、と思いました。しかし、こういうときが政治家の出番なのです。

政治家とは、社会を支える人々を助ける仕事であり、「社会の医者」のようなものであるべきです。

このときは、対策を考えるべく、役所と散々議論したあげく、転落防止のロープを設置義務として法整備を設けることにしました。いろいろ勘案した上で、ごく簡単な方法に落ち着いたわけですが、結果として、現在は転落防止ロープが普及しています。

これでも、コスト高になると言って建設業界が反対すると現役の役人たちは当初言っていましたが、現在では納得してもらっています。

全く町医者のような仕事です。

医者と違うのは、政治家は何かを改善しようとするときに、ことを起こさなくてはいけないということです。

そして、ことを起こすためには慎重でなくてはなりません。

いつも妻が言ってくれたものです。

「法に触れることは絶対にしてはいけません」

前述しましたが、妻・佐恵子は、父親が昭和14年採用の内務省の官僚だった平井学で、吉田茂総理の秘書官から高知県警察長（現在の県警本部長）に赴任した折に生まれた子どもでした。

そういうこともあり、曲がったことを嫌い、「慎重に」「法には触れるな」と、妻は口を酸っぱくして言ってくれていました。

もっとも、ことを起こすためには、何より皆さんに選んでもらわなくてはなりません。選挙に通って、政治家になるためには、有権者の皆さんの心に届くような演説を限られた機会や場でできなくてはいけません。

つまり、有権者の皆さんが胸に抱いている「テーマに応えなくては」ならないのです。

演説とは、聴く人の心を、テーマを、瞬間に感じて応えながら話すべきものです。人間とは、実際のところ、満たされない思いとともに、皆孤独な思いを多かれ少なかれ抱えているものと思います。そこに応える、ある気づきをもたらすような、煌《きら》めくような言葉をひとつでも、政治家の演説は届けるべきなのです。

次男と岳父、学士会館にて（平井学〈昭和14年東大卒〉、次男征人〈平成6年東大卒〉）

そして、もちろん政策で、小さな望みや理想や夢を叶えようとするべきなのが政治家です。

私が議員の時には、地元のポスターには「夢の実現―それが政治です」というコピーを掲載し続けました。

個人の夢、地域の夢、その実現を代行することこそが、政治家の使命なのだという思いを込め、議員としての活動を続けてきたのです。

## 戦争と平和

先の大戦では、日本は兵士だけで２３０万人、民間人を合わせると約３１０万人の尊い命を亡くしました。

幸い竹本家は、家族や親族を失うことはありませんでした。私の父は徴兵にこそ遭いましたが、外国の前線には行かずに済んでいます。しかし、私のいとこは南太平洋で亡くなったと聞いています。彼の父母たちや遺族は、戦後もずっと靖国神社を詣でていました。

戦争というのは一度起こると、1世紀にわたって影響が残ります。

米国でさえ、第2次世界大戦で多くの人を失っています。

傷痍軍人も、ベトナム戦争に至るまで100万人を超えると聞きました。

子どもの頃に地元大阪で、傷痍軍人の皆さんが不自由な体で苦労なさっているのを見ていましたから、留学先の米国で見聞きした戦後処理を、「国としてよくやっているな」と思ったものです。一方で、コロンビア大学で出会った、ベトナム戦争帰りの大男のチェットという学生が、ときどき見せた錯乱ぶりなどには、本当にやりきれない思いがしたものです。

衆議院議員に当選して、すぐに取り組もうと思ったことが、日本の発展の東西格差の是正でした。

それから、非戦の誓いでした。絶対に戦争をしてはいけません。

だから、プーチン大統領もさることながら、ウクライナのゼレンスキー大統領は政治家としてはどうかなと思うところがあります。

あれだけロシアに国民を殺《あや》めさせてしまい、国土を戦場にしたために、多くのウクライナ国民が国外に流出しました。絶対に国民の命を守るべきだったのに、それどころかウクライナ国民にとって、かけがえのない国土をバトルフィールドにし、滅茶苦茶にしてしまった。もっと外交に力を入れるべきだった。かつて蔣介石がしたように外交は第二の戦争であり外交に勝つことが戦争に勝つのと同じ効果を持つのです。いかなる理由があるにしても、絶対に戦争は避けなくてはなりません。白昼堂々と入ってきた暴漢に対して素手で争うのではなく、金庫を開けて有り金全部持っていかせても国民の生命を守ることのほうがまだ良かったのではないかと思います。

人の命を失って、最後に言葉ばかりの民主主義だけが残って、何の価値がありますか。

繰り返しますが、日本も310万人もの命が、戦争で失われました。

政治は、全体を見て、考えるべきです。民主主義を守ることだけが一義でなく、何をおいても国民の命と財産を守るべきです。これは私が絶対に譲れない信条です。

自民党が野に下った時代には、総裁選出馬を考えていたこともありました。

推薦人を20人集めることができたら、総裁選挙期間中の2週間、好きなことを言いながら全国で遊説できるからです。ただそれだけの理由でも、ぜひ出馬したいと考えていました。

日本中で、ぜひ語りたかったのです。

「戦争を絶対にしてはいけない。日本を戦場にしてはいけない」と。

## 日本のあり方

2022（令和4）年末に、インドを訪問してきました。

インドには私は比較的詳しいほうで、自民党のインド友好議員連盟の役員を長くやっていました。超党派議連会長は細田博之さんでしたが、最近西村康稔さんに代わりました。またウッタル・プラデーシュ州の議員連盟の会長もやっています。今回の訪問は以前同州議会で演説したこともあり関係者が呼んでくれたものでした。

今般のウクライナ侵攻において、ロシアへの経済制裁で誰が得したかというと、米国はともかくとして、やはりインドでしょう。安く大量のエネルギーを買えたわけですから。

インドは、あと数年でＧＤＰも世界４位になります。米国のＧＡＦＡＭをはじめ先端テクノロジーの経営陣は、相当数インドの人材が占めているのが現状です。日本は戦後、身近なところでは動物園にインド象をもらったり、鉄鉱石が不足していた昭和20年代の折にもかなり助けてもらっています。今はぜひ、インドの優秀な人材を日本に引き込みたいところです。

ウクライナ侵攻を見てもわかりますが、国対国の諍《いさか》い、争いとなったときには、やはり同盟国があったほうがいいのです。

防衛費を５年で倍増すると言っていますが、国防の全てを自前でやりきるのは無理でしょう。サイバー攻撃に、核兵器という時代です。米軍に守ってもらうのは恥ずかしいとか、米軍支配だとか、そのようなことを言っている場合ではありません。

かつて軍事費を増やしたら、関東軍が暴走したという苦い歴史も日本にはあるわけです。

それこそインドのような、したたかな国と仲良くすべきです。

今の日本のように70年も戦争をしていない大国は、歴史上でも見当たりません。すばらしいことです。特に東南アジアの国々は、そんな日本が羨ましいとリスペクトするマインドを持っています。日本は、彼らにとって困った時に頼られる存在であるべきではないでしょうか。

親中か親米か、などというゼロか百かという発想では、世界に取り残されてしまう時代なのです。

また、日本は貿易立国であるべきです。

長い期間において、日本は世界からなぜ一目置かれてきたのでしょうか。やはり、商品や工期を守る信頼です。そういう信頼こそ日本を象徴するものです。例えば、インドでもパナソニックやスズキが、やはり絶大の信頼を得ています。

日本が長年築いてきた信頼を利用し、外交にもっと力を入れるのが最大の防衛ラインだと私は思います。軍隊をいくら増やしても防衛ラインとはなりません。

繰り返しますが、戦前も大陸で拡大した関東軍に足を引っ張られたのです。関東軍が反対しなければ、早期に大陸から、満州から引き揚げていたはずです。しかし、

「20万の英霊をどう考えるんだ」と言われて、本土の陸軍の幹部すら怖くなってしまったのです。そして太平洋戦争に突入してしまったのです。

いたずらな軍備増大、増強は、時として国防の足かせとなることを歴史は証明しています。

一国ですべて防衛するのは無理です。

米国の支配下にある、などと言われても構いません。米国だって、実のところ、NATO諸国との同盟のもと、一国で自国の防衛すら全うしているわけではないのです。

そういう時代であり、このような局面ですから、これは仕方がないといえます。ウクライナも核を手放すべきではなかったかもしれません。何も持っていないのは危ないという現実が、私たちの眼前にあるのかもしれません。

米国の駐留軍の費用負担を批判する人がいますが、現状ではまだ少ないとすら私は考えています。そもそも、「思いやり予算」という言葉がよくない。日本はもっと米国のことを思いやってもよいでしょう。

独自で軍備を増強するだけでは十分でありません。必要なものは、やはり同盟関係なのです。今はこの国を守るために、同盟が必要なのです。

私はそう信じています。繰り返します。絶対に戦争をしてはいけません。これは今の政治家全員に強く思ってほしいところです。

# 第8章

# 大切な人たち

長い人生の中では、とりわけ役人人生、政治家人生の中では、忘れがたき大切な人々との出会いが私を支えてきたことは言うまでもありません。

ここではとりわけ、強い印象や思い出が残っている方々について記すことにします。

## 亀井静香さん

1996（平成8）年の出馬は、今思えばよくもあんな選挙をやったなと思います。自民党の公認をとって戦い始めたのですが、党本部からはおろか、宏池会からも誰も応援には来ませんでした。あの状況で当選できたのは、手弁当で手伝ってくれた地元の皆さんのおかげです。そんな中、2期目から、頼もしい応援演説の達人が必ず来てくれるようになりました。

亀井静香さんです。衆議院議員を13期務め、運輸大臣、建設大臣、自由民主党政務調査会長（第43代）、さらには国民新党代表（第2代）、内閣府特命担当大臣（金融担当）などを歴任されました。

亀井静香さんと

亀井さんは洞察力と情のある人です。日本のためにしたいこと、議員としてのあるべき姿、さらには国家観において私は共感を強く抱いていました。

例えば、この国はきちんと他国と連盟関係を築きながら、国家運営をすべきで、単独で勝ち上がろうなどと考えてはいけない。その一方で米国には堂々ともの は言うべき。こういったことが私たちが共有している価値観でした。

２回目以降の選挙では、私が声をかけようかと考えているうちに、応援に駆けつけてくれるようになりました。これは嬉しかった。見事な三段論法で、「そのためには竹本くんが国会に必要です」

と、いつも聴衆の皆さんにおっしゃってくださっていました。そういえば、人が好くて、ちょっと損をしているところも、私と似ていたかもしれません。

## 加藤紘一さん

2008（平成20）年にダボス会議議員連盟を設立しました。会長は中川秀直さん、事務局長が私です。実はダボス会議には、それ以前の1997（平成9）年頃から出席を重ねていました。その当時からご一緒していた唯一の議員仲間が加藤紘一さんでした。

おそらく1999（平成11）年頃だったと思いますが、ダボス会議の日程中に日本人記者を集めて記者会見を行った後に、加藤さんの発案で、外務省のスタッフや私も駆けずり回って会場を設定し、当時のクリントン政権の財務長官だったロバート・ルービンさんと同副長官だったローレンス・サマーズさんを招いて、密室でのディスカッションを開催したことがありました。その2人を相手に、通訳なしでおよそ2時間議論をして、疲れた顔ひとつ見せずケロッとしていたのが加藤さんです。

果たして、日本のための良い総理になったかどうかはわかりませんが、国際的に通用する政治家だったことは確かでしょう。

一度、同会議の席上で加藤さんが用意していた英文スピーチの原稿を、スイスへ向かう機内で私が2カ所ほど直したことがありました。それ以来、パーティなど何かの機会に、「ひとりだけ僕の英語を直してくれた日本人がいる。竹本直一くんです」と皮肉ってくれたのも、今では良い思い出です。

加藤さんは能吏だったのでしょうが、喧嘩根性がなかったかもしれません。優しい人ということなのかもしれませんが。

2000（平成12）年11月の「加藤の乱」でも、本人が政治家らしく振る舞っていれば成功したかもしれません。結局のところ、一部の人のみに本心を伝えていただけで、他に気を許せる人がいなかった。

あのときはちょうど、財務金融部会の部会長を柳沢伯夫さんがやっていて、私が副部会長を務める役目にありました。柳沢さんから「次は竹本くんが事務局長をやって」と言われながら、ニューヨークの視察に誘われて、私たちがニューヨークのホテルに着いたときに「乱」の一報が入りました。

当時の幹事長の野中広務さんや、鈴木宗男さん、古賀誠さんがニューヨークまで矢継ぎ早に電話してきて、「向こう（加藤側）に行くわけじゃないよな」と言うのです。日本とは時差があるし、ホテルの外に出ている時に電話がくるものですから、こちらから何度もかけ直す羽目にもなり、それで電話代が当時100万円近くになりました。

慌てて帰国し、成田に着いたら堀内光雄先生たちが迎えに来て、即座に赤坂プリンスホテルに連れて行かれました。加藤さんに会わせないためです。ダボス会議のことや、日頃のつきあいもありましたから、私が加藤さんに同調すると思われたのは当然のことではありました。ただし、私は全く知りませんでした。加藤さんは繊細な人でしたから。

その後のダボス会議で、安倍さんが卓越した表現力で「アベノミクス」を世界に広めてみせたのは、いささか皮肉なものではありました。

翌年のダボス会議では、中国の習近平国家主席が世界に売り出しました。

繰り返しますが、加藤さんは、たしかに海外で通用する政治家ではありました。惜しいことだったと、今でも思います。

安倍元首相と

## 安倍晋三さん

安倍晋三元首相についても、やはり触れるべきでしょう。

安倍さんについては、本書を読んでいただいている皆さんも様々な思いをお持ちだと思います。

私にとって安倍さんとは、初当選時に粘りに粘って入ることを拒んだ安倍派の領袖です。そして、初の入閣を果たしたときの総理大臣です。

メディアに出ていたり、国会のときであったり、公の場で演説をされている安倍さんと、プライベートな距離感でお会いしているときの安倍さんとでは、キャラクターが全く違います。私の彼に対する印象は、「気遣いの人」というものです。

一方で、安倍さんがあれだけ長く影響力を持ち、挫折や闘病もあったにもかかわらず精力的に政治活動を続けてこられたのは、やはり妻・昭恵さんの存在があったからだろうと思います。

イデオロギー的には先鋭的なところがあった安倍さんに、あの奔放で、誰とでも明るく朗らかにコミュニケーションをとることのできる妻・昭恵さんがついていたから、なんともバランス良く味わい深い首相とファーストレディの構図ができたのだろうと思います。我慢強い忍従型の妻では、安倍さんの人気やキャラクターも、あのようにはならなかったろうと思うのです。

## 妻

33歳のときに結婚して以来、ずっと傍にいてくれている8つ下の私の妻、竹本佐恵子について書きましょう。先述のとおり、妻は大変に筋の通った考え方をする人で

一番大切な妻と

す。大蔵省ＯＢの奥様からご紹介いただき、初めて会ったその日から、それはすぐに感じ取ることができました。

　１９９３（平成５）年、私がいよいよ退官と出馬を決意した際、その旨を妻に告げることにしました。実は妻にはそれまで、政治家になる夢については詳《つまび》らかにしたことはありませんでした。それでもなんとなくは伝わっているものだろう、くらいに思っていましたが、それを話すと、

「私は建設省の役人の竹本直一と結婚したつもりはありますが、政治をやるような竹本直一と結婚したつもりはありません」

と一言。あまりのキレの良さにしばし面食らっていましたら、続けて、

「どうしてもやりたいというなら、私と別れてひとりでおやりになってください」

と言うではありませんか。

おそらく私は、相当にびっくりした顔をしていたことでしょう。もちろん別れる気などありませんから、改めて何度も説得することになりました。説得というよりは、有権者の皆様へのお願いにも近いものがあったかもしれません。

最後は、とうとう折れてくれまして、

「あなたひとりでやるなら、私は妻のまま、出馬を邪魔立てもいたしません。それで妥協できますか？」

という回答をもらいました。

「じゃあ、ひとりでやります」

ということになったのですが、先述の通り、1993年の出馬断念から1996年の初当選に至る期間は、相当に苦労をかけたと思っています。

初当選のときは、選挙速報で当確が打たれるまでの長い時間を、富田林の事務所に近い溜め池の傍に停めていた車の中で2人で待ったものです。結局、妻はこっそりと

私の傍に来てくれたのです。

東京出身の妻は、ふだんは基本的には東京で暮らしており、富田林の事務所に来ることはありませんが、議員在職途中から選挙のときなど、地元の方の前にも顔を出してくれるようになりました。そんなとき、妻が少し挨拶でもしようものなら、支援者や運動員の皆さん、私の同級生たちがどっと沸くんです。このまま妻が出馬したら勝てるんじゃないかというくらいでした。

それまで、自民党の衆議院議員の妻帯者で、選挙区に妻を連れて帰っていないのは宮澤喜一さんと私だけと聞きました。当初は地元の支援者たちに「女房を連れて帰ってこない候補者なんて」と、いろいろ責められたものですが、富田林ではすっかりこの「竹本スタイル」が定着しています。

## 原健三郎さん

国土庁に出向した折に出会って、大変お世話になったのが「ハラケン」で知られる原健三郎さんです。ご存じの方も多いと思いますが、代議士を50年務め、選挙では

「お助けください」とご本人や奥様が土下座して投票を頼むことで有名だった、自民党の大先輩です。

実は出馬当初、先述のように「選挙区には行きません」と言っていた妻のことで、原さんの奥様に「悩んでいます」とご相談に伺ったことがありました。

そうしたら「そんなの全然気にすることはない」とおっしゃっていただき、気持ちがぐっと楽になったのをよく覚えています。

そして、大いに笑ったのが次の発言です。

「私がなぜ土下座できるかわかりますか？　私だって、選挙中の2週間だけだから、あんなことができるんですよ。地元で毎日なんてやれませんよ。妻は、地元にいないほうがいいんです」

公私ともども、大変心の支えになってくださった素敵なご夫妻でした。

園遊会にて（上・岸田首相夫妻と、下・福田元首相夫妻と）

## あとがきにかえて――コロナとの格闘

2年数カ月前の2020年12月初めのことです。

選挙準備に忙しく、毎日朝から夜遅くまで動き回っていたところ、自動車の後部座席に乗ってしまうと眠くてしかたなくなって、ぐっすり眠ってしまうことがしばしばありました。

その時は睡眠不足だからだろう、くらいに思っていました。

12月24日の夜、クリスマスイブでもあるので、事務所のスタッフとステーキを食べに行きました。一応全部平らげました。でも、何かおかしい。今ひとつ食欲がない。

私は大食漢ですから、その店ではステーキの1枚くらいいただいてもまだ食欲はあり、いつもならさらに2、3皿追加で注文するのです。

変だな。そう思いつつ、その日はおとなしく帰宅しました。

翌12月25日、クリスマスの朝になると、いよいよ食欲がありません。さすがにちょっと心配になって、事務所の宮川秘書に電話をすると、「それでは病院に行きましょう」ということになりました。コロナではないといっている私を無理矢理病院へつれていったのです。

ずいぶん後で知ったのですが、実はこの時点で、衆議院議員会館に詰めていた若い2人の秘書が、新型コロナウイルスに罹患して10日ほど入院していたのです。

私は大阪でずっと選挙の準備をしていたので、そのような事態を全く知らずにいました。ニュースで、コロナ、コロナとなぜ騒ぐのかなと、それくらいに思っていました。

病院に着いてすぐに、医師の診断があったわけですが……。実は、そのとき診断いただいた医師の顔の記憶がないのです。いまだに思い出せません。既にこの時点で、意識を失っていたのだと思います。

退院後にこの時のレントゲン写真を見せてもらったら、肺が真っ白でした。車椅子に乗せられて急いで集中治療室に搬送されたのですが、内外の温度差があったせいか、集中治療室の入り口ではっと気がついて目が覚めます。

そうすると付き添いの医師が、「エクモ（人工肺とポンプを用いた体外循環回路による治療）をつけますか」と聞くではないですか。反射的に「そんなものやめてくれ」と、とっさに返事をしてしまいました。

思えば大変失礼な返事をしたものですが、なぜそうしたかというと、元近鉄バファローズの監督をされた梨田昌孝さんが、その1年ほど前に罹患した際、エクモによる治療に臨んだのち、退院後に自発呼吸を取り戻すまで大変苦しい思いをしたということを、ご本人から聞いていたのです。

結果として、それではエクモをつけずにやりましょうという話になりました。私はまたそこで意識を失ってしまいます。

十数時間後、気がつくと、ベッドで上を向いて寝かせられていました。症状は落ち着いていました。けれども、いよいよコロナの治療が始まっているんだな、どれだけ続くんだろう、と不安を感じ、なかなか寝付けませんでした。そうこうして、ようやく眠くなって、睡眠に入るといつも以上に鮮やかな夢を見ました。

この夢は素晴らしい夢でした。こういった生命の危機に際した夢や夢想は、医学には「せん妄」とされることもあります。でも、私の感覚では夢そのものでした。

内容はこうです。

場所はロンドン郊外の迎賓館です。党の仲間の先生方である麻生太郎さん、石原伸晃さん、平沢勝栄さんのそれぞれご夫妻と、私たち夫妻が、郊外の小高い丘の上の別荘地にいるわけです。

野外劇場で足元のほうに円形劇場があり、そこで演じられる舞台劇を観ていました。大使館のスタッフが来て、私を少し離れたところにあるプールに連れて行きました。なぜだかプールで裸にされ、5、6人の人にいろいろな検査を受けます。そこで「コロナには罹《かか》っていません」とされ、また元いた席に帰りました。

しばらくすると舞台が変わり、私は小高い丘の上の建物で、駐英日本大使ら5、6人と懇談をしています。

大使が「ひとつ相談があります。毎年英国政府からトラウト（鱒の一種）をもらっているけれども、今年はトラウトがあまりとれないので、他の魚にしてくれと言われました。竹本先生、どんな魚がいいですか？」と。

夢ですから会話がもうおかしいのですが、私は「やっぱりトラウトをもらうべきだ。たとえ少なくても1匹ぐらいはいるんじゃないのか。トラウトは多くの卵を産むのだから繁栄の象徴でもある。縁起が良いのだから、違う魚にしてはいけない」と答えます。

大使は「はいわかりました、それではそのようにしましょう」と言って、帰っていきました。

天気も良くなり、非常に気分が晴れやかになったので、仲間の5、6人で歌を歌いながら小高い丘の小路をたどって下のほうに下りていきました。そこに大きな川が滔々《とうとう》と流れていました。

私たちは、その大きな川の堤防の上に立ちました。

そのまま散歩していると、向こうからやはり5、6人のグループがやってきます。どう見ても日本人だと思って話しかけてみました。

すると「私たちは東洋大学の学生です。今箱根駅伝の往路で2位になり復路に頑張りたいと思っているところです」と言います。

彼らの中に、2メートル近い長身のアフリカ系の選手がいました。

そこで、私はなぜだかスマホで早稲田大学の田中愛治総長に電話をします。

「早稲田大学も昔はすごい選手がいたけれども、これからはやっぱり外国人学生にも目を向けなくては箱根では勝てませんよ、グローバル時代ですから」

早稲田のＯＢでもないのに、こんな話をしながら、大きな川を眺めていました。

なんだか水量も多くて渡るのは大変そうだし、正月の箱根駅伝も気になるから、もう帰ろう。そんな思いつきが、救ってくれたのかもしれません。

思えば、あの堤防から見ていた川は、三途の川だったかもしれません。

この夢はなんだか華やかで楽しくて、そして明るい希望の示唆に満ちていたような、不思議な感覚をくれた珍しいものでした。

そして、私は夢から覚めて、現に帰還しました。

その後、集中治療室はどうだったかというと、結局10日間おりました。

医師や看護師の方が検査に来るわけですが、私自身は特に咳が出るわけでもないし、熱が上がるわけでもなく、しんどいわけでもないから、もう早く出してくれとお願いをしていました。迷惑な患者もいたものです。

医師は「体力をつけてからです」と言いますが、「もう十分体力あるから早く出してください。選挙があるからのんびりしていられません」と何度も我が儘《まま》を言いました。

医師もうるさいと思ったのでしょう。途中から「では明日退院できるよう諮《はか》っておきます」などと言いながら、「やっぱり日延べになりました」と繰り返し、いなされる日々が続きました。

退屈で仕方がないわけです。

病室の小さい窓の向こうの廊下に病院関係者の人影が見えるので、呼び止めようとも思いますが、そういうわけにもいきません。うまく眠れもしないし、苦しい毎日が続きました。

眠くなると、妙に鮮やかな夢をまた見ます。

そういったことの連続で、早く出たいという思いが募りに募った10日目になって、やっと一般病棟に移していただきました。

そのときの車椅子に座った私の写真を見ると、少し髪の毛が薄くなり、やつれています。体重が4キロほど減っていたようです。しかし、顔つきはなぜか元気そうです。病院の方々もさぞや手を焼いたことでしょう。一般病棟では定期的な検査を受け、午後は1時間リハビリの運動をすることとなりました。

看護師の皆さんがいる看護センターの前には少しくつろげる空間があり、窓外のはるか彼方には、夢で学長に話しかけた早稲田大学の学舎や企業のビルが見えます。早く外に出たいと思いますが、退院のめどはまだつきませんでした。どんなことが自分に降りかかっているかわからない。そんな不安な気持ちにも襲われます。

しかし、1週間ほどリハビリを続けている間に体調もどんどん良くなり、体力もついてきたような感じがして、「ともかく早く出してほしい」とまた訴えます。

「選挙事務所が開けないから」「早く街頭に立つ必要がある」

何度も訴えますが、「もう少し体力をつけてから」と言われます。

それでも訴え続けると、リハビリ専門の病院に行ってはどうか、という提案をいただくことができました。これに私は飛びつきました。入院から30日が経っていました。件《くだん》のリハビリ専門病院は初台にあり、ミスタージャイアンツ・長嶋茂雄氏も通っていたところとのことでした。

とにかく1日も早く病院から出たい。

そのために、病院から与えられるメニューはすべて積極的にこなし、自分から提案して1日300回の腹筋運動も加えます。午前100回、午後200回です。さらに、40分の散歩外出まで加えて許可をいただきました。

このリハビリ病院での10日間を経て、２０２１（令和３）年2月10日に無事退院を果たしました。

合計入院期間はちょうど40日。当初60日と言われたところ、かなり無理を聞いていただいた結果でした。病院の医師や看護師の方々は、私が我が儘を言うたび、何度となく不安げな表情を見せながら、その都度、根気よくアイデアをいくつも出してくださり、結果として私の願いを聞いてくださいました。

皆様に深く感謝をしながら退院し、妻と秘書の出迎えを受け、普通の生活を取り戻すこととなりました。

私にとって普通の生活、それは政治家としての務めです。

翌週から、もう大阪の駅前に朝7時から辻立ちを始めました。

これが、コロナとの激闘、格闘のすべてです。

三途の川を前に思いとどまり、病院関係者の方々をはじめ、多くの皆さんによって救い出していただいた命です。

あれから時間が経って今、ここにかえしていただいた命を、もう少し日本国と皆さんのお役に立てれば、と思っている次第です。

2023年6月

竹本直一

## 竹本直一 年譜

| 年 | 事項 | 社会の出来事 |
| --- | --- | --- |
| 1972(昭和47)年 | 建設省　河川局防災課長補佐<br>結婚 | ・沖縄返還<br>・連合赤軍事件<br>・日中国交正常化<br>・ウォーターゲート事件 |
| 1975(昭和50)年 | 建設省　計画局建設振興課長補佐 | ・沖縄海洋博開催<br>・エリザベス女王来日<br>・天皇皇后両陛下訪米 |
| 1977(昭和52)年 | 建設省　計画局国際課長補佐 | ・日航機ハイジャック事件 |
| 1978(昭和53)年 | 2月、建設省　住宅局住宅計画課長補佐、同・住宅局住宅政策課長補佐、日本下水道事業団へ出向　企画総務部企画課長 | ・成田空港　開業<br>・YMO(イエロー・マジック・オーケストラ)デビュー |
| 1980(昭和55)年 | 国土庁へ出向　長官官房総務課広報室長 | ・イラン・イラク戦争<br>・モスクワオリンピック　日本不参加 |
| 1982(昭和57)年 | 7月、建設省　近畿地方建設局用地部長、<br>同　近畿地方建設局総務部長 | ・フォークランド紛争<br>・映画『E・T』公開 |

| | | |
|---|---|---|
| 1984(昭和59)年 | 阪神高速道路公団へ出向　業務部長 | ・グリコ森永事件<br>・アップル社「マッキントッシュ」発売 |
| 1985(昭和60)年 | 国土庁へ出向　防災局防災企画課長 | ・科学万博つくば'85開催<br>・日本電信電話株式会社(NTT)、日本たばこ産業株式会社(JT)開業 |
| 1987(昭和62)年 | 首都高速道路公団へ出向　総務部長 | ・国鉄分割民営化、JR発足<br>・ブラックマンデー、NY株式市場大暴落 |
| 1989(昭和64、平成元)年 | 建設省　河川局河川総務課長 | ・昭和天皇崩御、昭和から平成へ改元<br>・消費税導入<br>・ベルリンの壁崩壊<br>・天安門事件 |
| 1990(平成2)年 | 建設省　大臣官房付（併任）外務省へ出向　経済局　※花博大使代理として(併任)<br>建設省大臣官房上席監察官、建設省　住宅局住宅都市整備公団監理官 | ・東西ドイツ統一 |

| | | |
|---|---|---|
| 1991（平成3）年 | 国土庁へ出向　長官官房審議官（地方振興局担当） | ・湾岸戦争<br>・ソ連崩壊<br>・アパルトヘイト終結 |
| 1992（平成4）年 | 退官 | ・PKO協力法締結 |
| 1996（平成8）年 | 第41回衆議院総選挙で大阪15区に出馬、初当選 | ・薬害エイズ訴訟で和解 |
| 2001（平成13）年 | 初代経済産業大臣政務官 | ・同時多発テロ<br>・イチロー、大リーグで活躍 |
| 2003（平成15）年 | 厚生労働大臣政務官 | ・イラク戦争、フセイン政権崩壊<br>・日本郵政公社設立 |
| 2004（平成16）年 | 自民党国会対策委員会副委員長 | ・Facebookサービス開始 |
| 2005（平成17）年 | 財務副大臣 | ・愛知万博開催 |
| 2006（平成18）年 | 衆議院議院運営委員会理事、衆議院財務金融委員会理事 | ・Twitterサービス開始 |
| 2007（平成19）年 | 衆議院国土交通委員会委員長 | ・アップル社「iPhone」発売 |
| 2008（平成20）年 | 衆議院財務金融委員会筆頭理事 | ・リーマン・ショック |
| 2009（平成21）年 | 衆議院財務金融委員会筆頭理事、衆議院 | ・自民党から民主党へ政権 |

| | | |
|---|---|---|
| | 消費者問題に関する特別委員会委員、自由民主党総務会副会長 | 交代<br>・オバマ大統領就任 |
| 2010（平成22）年 | 自由民主党シャドウ・キャビネット（影の内閣）国家公安委員長、拉致問題担当大臣、内閣府担当大臣（金融・経済財政、地域分権改革、消費者・食品安全担当） | ・上海万博開催 |
| 2015（平成27）年 | 自由民主党政務調査会内閣部会長、財務金融部会長、自由民主党大阪府支部連合会 会長、衆議院 財務金融委員会 理事、衆議院 科学技術・イノベーション推進特別委員会 委員長、衆議院 財務金融委員会筆頭理事、衆議院 北朝鮮による拉致問題等に関する特別委員会 委員長 | ・マイナンバー制度スタート |
| 2016（平成28）年 | 衆議院 衆議院政治倫理の確立及び公職選挙法改正に関する特別委員会 委員長、自由民主党 超電導リニア鉄道に関する特別委員会 委員長、レジオンドヌール勲章シュヴァリエを受章 | ・英国のEUからの脱退が決定 |
| 2017（平成29）年 | 第48回衆議院総選挙で大阪15区に出馬、8選 | ・トランプ大統領就任 |

| | | |
|---|---|---|
| 2019（平成31、令和元）年 | 情報通信技術政策担当大臣 兼 内閣府特命担当大臣（科学技術政策、宇宙政策、クールジャパン戦略、知的財産戦略）（第4次安倍第2次改造内閣） | ・平成から令和に改元<br>・消費税10％ |
| 2021（令和3）年 | 国会議員引退を表明 | ・バイデン大統領就任<br>・東京オリンピック・パラリンピック2020開催 |
| 2022（令和4）年 | 春の叙勲で旭日大綬章　受章 | |

装　丁――本澤博子
編集協力――ひとりパブリッシング

〈著者紹介〉

**竹本直一**（たけもと　なおかず）

1940(昭和15)年大阪府南河内郡河南町生まれ。京都大学法学部卒。政府派遣留学にてカリフォルニア大学(バークレー校)大学院卒、コロンビア大学大学院留学。前衆議院議員。元情報通信技術(IT)政策担当大臣、元内閣府特命担当大臣(クールジャパン戦略、知的財産戦略、科学技術政策、宇宙政策)。

自由民主党2025年大阪万博誘致推進本部事務総長、党政務調査会中小企業・小規模事業者政策調査会長、党超電導リニア鉄道に関する特別委員長、大阪府支部連合会長、財務副大臣、厚生労働大臣政務官、経済産業大臣初代政務官等を歴任。

# マイ・ウェイ
## 私が歩んだ道

2023年7月7日　第1版第1刷発行

著　者　竹本直一
発行者　村上雅基
発行所　株式会社PHP研究所
京都本部　〒601-8411　京都市南区西九条北ノ内町11
教育ソリューション企画部　☎075-681-5040(編集)
東京本部　〒135-8137　江東区豊洲5-6-52
普及部　☎03-3520-9630(販売)
PHP INTERFACE　https://www.php.co.jp/

組　版　有限会社メディアネット
印刷所
製本所　図書印刷株式会社


ISBN978-4-569-85487-8

PHPの本

# 道をひらく

松下幸之助 著

運命を切りひらくために。日々を新鮮な心で迎えるために――。人生への深い洞察をもとに綴った短編随筆集。50年以上にわたって読み継がれる、発行550万部超のロングセラー。

定価 本体八七〇円（税別）